當沐浴於SSR能量流裡 我們的能量振頻將得以被洗滌與重新校準
遇見轉化靈魂的契機 踏上返回源頭的旅程

李俊賢 Haniel Lee -著
智癒行者創辦人

SSR

古埃及靈氣
靈 魂 轉 化 的 起 點

Contents

目錄

和美麗的靈魂相遇

出版序／林玟姈

這種相遇，震驚了我，平常只有在靜坐禪修時進入極為深沉的定與靜之中，才會感受到的光譜，竟然在一片熱鬧的自我介紹中呈現……

2022 年初，還在年節的歡慶聲中盤旋，這群年輕人來訪，愉快的聊著……很難得的體驗到，這是群非常純淨的靈魂，集合成一股充滿熱情能量的光束，在辦公室裡，暈成了白色和黃色的光體，感覺生命都亮了起來。

俊賢 (Haniel) 談著他人生的過程與經歷，接觸 SSR 靈氣療

癒的過程。從小敏感的體質,許多神奇的感應。因排斥而遠離,在知性與理性中經歷自己與生俱來的使命,內在的搏鬥與衝擊,具足了豐富的生命故事。

在身心靈學習領域中,甚至 Google 不到的一種療癒方式—SSR。到底祂原來面貌是甚麼?這個觸動了我的好奇,多少人在紅塵浮世中,沉浸在身心靈的領域裡,組合著屬於自己的【幸福的方程式】。如果「眾裡尋他千百度,驀然回首,那人卻在燈火闌珊處」,發現原來「就在這裡」的共時感,必定可以協助更多人帶來靈魂真正轉化與改變的能量,也可以啟動一場場生命蛻變的學習之旅。不同的因緣可以啟動不同的自癒力,把這世界曾經留在內心的傷口,勇敢、自信,且無所畏懼的撫平,繼續創建自己的夢想。這是多麼重要的利他行啊!

【智癒行者】—Healing of Wisdom 是以古埃及靈氣療癒為基底的心靈平台,帶著想學習重新認識自己,汲取智慧的源頭,順流當下。帶著每個人洗淨自己美麗的靈魂,釋放受限和被禁錮的內在能量,回到本我並和更高維度的心靈次元連結。

跟著 Haniel 老師做一趟深度的療癒之旅吧！

打開信念的制約，有系統的將自己的靈魂藍圖從良善和愛中出發，找回原本具足的初心，透過實踐與學習，回歸純粹。柔軟的體驗這世界與自我共存共生的美好，真正的找到喜悅、平靜、愛與和諧融合下豐盛的平衡與幸福。更可以啟發每個學習者高覺知的洞察力，以平等心來善待世間萬事萬物。讓靈魂本質關鍵的轉變帶著更多的奉獻（慈心）與付出（悲心）的使命，重新給予高維度宇宙生命能，藉由 SSR 不同能量體的共振，全新演譯人生的自由度，完整地進化生命能量狀態。

讓更多人找到面對這個多變的社會價值與挑戰，擁有更多的信心、毅力和勇氣，保有正向積極的熱情與信念。聆聽內在聲音，尊重自己，珍愛自己，並得以自我療癒，保養自己的能量體與脈輪，達到日日純化、淨化的平衡與和諧。

願每一個經過轉化的靈魂，都展現出美麗的羽翼，綻放多元的自我價值，放下制約後更完整的自己。卸下您內在的擔憂，讓奇蹟進入，成為一個完整的你，一個全部的自己吧！

邀請 Haniel 寫書，也邀請您一起來經歷一趟靈魂轉化的療癒旅程。

★ 時間本來就是一趟迷人的旅行，

用感恩的心回顧與前行，

歲月一天天的翻閱，

做自己，心是通往宇宙的入口。

請允許最內在的光芒，通過你的閃耀，彼此支持，學會彼此相愛。

做一個完整的自己，持續進化。

開啟心中自家的門，開啟靈魂的道路，再生生命力的靈程。

開啟宇宙無窮的智慧力量與能量。

每個獨立的靈魂行經的地圖，都在幫助提升生命層次。

都將成為內化的永恆智慧的生命。

讓我們在每一世靈魂交會的時刻，都會擁有勇氣和自由，

體驗不同美好的能量價值。

天堂是最喜樂平靜的家，時時可以住下。只要學習走向天堂的路。可以不被框架束縛的、自由的改造，並編寫自己的永生的生命故事，永遠是您自由的心，您全部的自己。

深刻的愛、創造的能力是改變共振頻率和療癒自己的路徑。那將會帶來愛、幸福與改創力趨向成功。

閱讀人生是一件非常美好的事，
不妨，
聽聽這個世界的聲音吧，
受傷的地方會長出翅膀，觸使你自由翱翔的一定是你精彩的故事。
這也是我受邀為選書人，用生命精選好書好故事的志業。

林玟妗（娃娃姐）

世界聯盟全人健康療育推展關懷協會　創辦人

瞥見「當下」的智慧虹光

推薦序／張之愷

是的，高維全向共振的新時代已經來臨了，來自跨次元的能量與信息，也逐步地在地球上的各個場域陸續登場……。

如果，你夠敏感，你就會發現，生活周遭有越來越多帶著高維頻率信息的人、事、物，在不經意的情況下，出現在你的面前。他們都是懷帶著宇宙任務的傳訊中介，他們要來幫助我們地球上的大多數人，去進行一場場拓展意識認知頻寬的創造行動，陪伴著我們朝向集體揚升的演化路徑邁進。

我們必須承認，這是一個大家必須共同參與創造的集體揚

升階段，我們要比過去更積極地清理掉那些老舊信念所帶來的靜電沾黏，全面性地擴張那些阻礙我們能量流動的線性思維模式，以一種完全敞開的心態來迎接這個新時代的到來。

雖然，過去我完全沒有接觸過 SSR，但是當 Haniel 邀請我為他撰寫這一篇推薦序文時，我卻毫無抗拒，因為在這個嶄新的時代裡，我們每一個人都要學會把那些過度依賴「經驗法則」的思考模式給丟棄，而試著讓我們「回到當下」，以一種心電感應的方式，去真實地感受信息通道之間的精微共振。

其實我和 Haniel 結緣在一次星際馬雅「時間法則」的全階課程之中。還記得，他是因為接收到了一份跨次元信息的召喚，所以才前來成為了我的學生，但那時候，我卻可以清楚地感受到，他即將和我們一起搭上這一艘 2013 年啟航的地球時間飛船，並且以別具個人特色的方式，來展開他與眾不同的傳訊行動。

是的，Haniel 就是一位天選的傳訊行者。從他第一章「轉動靈魂的機緣」的敘述中，我們便可以看見他從小到大，相當

不同的成長歷程與生命體驗，他就好像是一個小小魔法師，天生具備了魔法的天賦，卻又被迫隱藏於擾嚷的紅塵之中，總要在歷經了不同的淬鍊與打磨的生活體驗之後，才能逐漸地摸索出一條清晰的成道之路。我特別喜歡他把自己稱為一位「智癒行者」，因為這四個字，標的出了他內蘊的誠懇、真實與努力不懈的生命態度，而這一切都必須建立在一個具備高度「同理共感」的愛的生命基礎之上，才可能完成的。

我想《SSR 古埃及靈氣—靈魂轉化的起點》這本書的發行，對於這個地球全新週期的運行階段來說，正是一種必然與必須。特別是 Haniel 在本書第四章「SSR 現在進行式」中，Haniel 根據其療癒個案及其自身的體驗，精準地描述了九個修煉的重點與練習 SSR 所能帶給大家的轉化與改變，譬如：和諧平靜的心、身體健康、直覺力、夢能量、感知力、靈視力、洞察力、天使連結、破除與放下的力量，而它們正是人類在面臨這個全新的演化階段中，最需要培養進化的生命能量狀態。而特別值得一提的是，在 Haniel 的文字描述中，並沒有出現一些高深莫測、令人聳動的英雄神話色彩，反而是以一種更貼近於日常生活的

誠懇與真心，來細細描述那些真實發生在他身上的共時性與「既視經驗 (Dejavu)」。所以，咀嚼起來，除了能讓你瞥見「當下」的智慧虹光外，還會讓你不自覺地心生感動，宛如一個擁有魔法力量的好朋友對你「零距離」的悉心照看與叮嚀。

其實，從 2017 年底，在我正式加入了《亞洲時間法則》，開始參與星際馬雅「時間法則」宇宙知識系統的推廣工作後，便清楚知道，未來跨次元的「心電感應」，將成為越來越重要的溝通工具。而透過光束信息的傳輸，來銘印出一個全新跨次元顯化的平行存在結果，也將會是我們未來世界成像投影的主導模式，特別是這兩年全球疫情蔓延，但在另一個平行世界，卻開始流通著一種叫做「元宇宙」的概念，這似乎也意味著某種跨次元共存的平行宇宙，將逐步開始具體顯化到我們生活日常之中。所以，當務之急，我們應該要透過各種有效的跨次元練習方式，來幫助我們擴張意識認知的頻寬，同時提高我們大腦的心智作用，重新整合天、地、人這三個面向的能量運作，促使三次元、四次元以及五次元，甚至更高次元的意識場域，可以達到彼此順暢連結的終極結果。

我很開心，也很感動，有越來越多人，已經勇敢地揚棄了線性的時間概念以及限縮的感官經驗，去判斷一件事物的價值。甚至，還更進一步地嘗試以一種垂直性的思考模式，來超越所有幻象世界中的限制性，積極地讓自己活在「當下」，然後真實無偽地去回應所有來自跨次元的共振信息。而智癒行者Haniel，似乎也正在透過這本書的完成與發行，透過他在 SSR 中的體驗與修煉心得的分享，來提醒著我們每一個人，在這個新時代中，最重要也最需要去積極建立的那一份最具核心價值的信念：

　　「體驗當下，如實回應，勿隨勿制，保持清晰地覺察每一股源自於宇宙中心的生命之流，然後，順流而行！！」

　　讓我們以一份最誠摯的祝福以及一顆最敞開的心，來迎接這一位「智癒行者」的降生吧！

太陽的紅天行者 Kin113　張之愷

20220611

星際音樂療癒師・時間法則傳遞者

能量溝通帶來的療癒力量

推薦序╱蕭湘文

　　探索內在的狀態，是許多人在有意或無意的知覺狀態下，都會發生的事。在行銷、廣告、公關的學術領域，我們也是一直在探索、研究，生而為人的一些現象、動機、潛意識與行為，並依此創設更適合的溝通方式，促進整體的互動與交流。

　　作者俊賢，在求學與職涯業界的經驗，累積了許多這方面的知識與實戰，曾是他碩士指導教授的我，很高興俊賢透過不同的生命經驗結合專業所學，揉合出一個新的溝通（Communication）取徑——能量溝通。作者在碩士期間就對

榮格學說深感興趣，探索了許多潛意識、集體潛意識、原型（Archetype）的研究，並依此路徑覺察到了行銷面向裡的原型顯化，以及原型間的交互運作，這些都是現象界裡的投射結果，如果再深入探索學說時，都會追溯到夢境裡（Dream）。夢的領域是一個充滿未知與神秘的場域，究竟是日有所思夜有所夢，抑或夢是通往另一個次元與連結其他能量場域裡的閘口，已經有許多學者發出不同的見解。

我們透過許多傳播媒介，向世界表達「我是誰」，漫畫家透過自身創作的漫畫與劇情、音樂家透過創造音樂表達內心世界、Youtuber 透過影像分享自己看事物的觀點……等等，我們無時無刻，都在讓真實的自己示現，但這些「靈感」從何而來？在這本書中，俊賢透過許多的親身經歷，藉由 SSR 古埃及靈氣的論述脈絡，分享能量層面如何影響現實層面（Our Reality）的狀態。SSR 古埃及靈氣如同「夢能量」的概念存在著、影響著，讓個體在現實中對抽象的自我有跡可循，並在過程中不斷「憶起真實的自己」。

這幾年多變且混亂時局，從 Covid-19、元宇宙、加密貨幣、

去中心化趨勢、身心疾病、戰爭等，都不斷帶著我們往內在自省，在「物質」與「精神」的交匯中，我們究竟在「追尋什麼」？以至我們正在「創造什麼」？作者俊賢透過能量溝通的方法，為許多人帶來心靈層面的深度對談，並深潛進能量療癒的無形交流裡，促進整體身心靈的健康，帶領他人進入「內在溝通」再擴展出「外在溝通」，以此顯化全新的生活。任何一種溝通取徑都有不同發揮效益的情境，也許有些人會抱持保留態度，有些人則從中獲益匪淺。

　　很高興有機會先閱讀此書，這本書透過生命歷程的切角以及「療癒」的本質，帶領讀者從能量的角度，去明白自我、世界、以及宇宙整體的關係，進而再次重新認識自己。相信讀者閱讀過後，對世界現況的覺察，也會有不同的視野與觀點～原來，我們一直在努力尋找的是「完整」。

蕭湘文

世新大學教務長／研發長／教學卓越中心主任

／公共關係暨廣告學系主任

對自己的生命誠實

推薦序／王鴻佑

我不認識 Haniel，但此刻我在為他寫序。

我不懂身心靈的能量領域，但此刻我在為 Haniel 寫序。

因緣際會，與 Haniel 有一面之緣，兩人旋即深談、長談了一段時間。

我感受到 Haniel 對自己的生命誠實，於是此刻我在為他寫序。

這一趟路，不管是稱為修行的道途，或是稱為回歸的道路。

「對自己的生命誠實」，是絕對必須具備的根本心態。

我們生活的這個人世間，是被「資源有限，匱乏恐懼」的原始設定，制約綑綁的世界。

我們被一層又一層的、立基於「資源有限，匱乏恐懼」的設定制約的信念綑綁。

對於這些信念，我們又極其執著，把它們眷養成為生命裡的習性。

我們為自己建立了習性的牢籠，把自己關進信念的監牢裡，沒有了自由。

這一趟路，修行的道途，回歸的道路，是尋回生命本有的自由的一趟路。

在這一趟路上，「對自己的生命誠實」是絕對必備的根本心態。

否則，我們非常容易誤入迷霧森林，在其中尋找不到出路。

最終，才驚覺地發現，這是一個更大的牢籠。

Haniel 對自己的生命是誠實的。

他，足堪重任。

在這一趟路上，修行的道途，回歸的道路，擔任嚮導的任務，
身負領隊的職責。

王鴻佑

天賦創造力教練

自序

　　靈魂（Soul）是一個抽象又深刻的概念，通常我們會透過那無法言喻的經驗去重新瞥見祂的存在，我們也會在無形中不斷受到靈魂的指引，在生活裡收到祂許多的想法、選擇，然後去行動，讓生活前進，並試著在生活中顯化我們真實的樣貌。

　　隨著與世界繁忙的交流與互動，以及生活裡種種的煩惱，我們逐漸失去識別靈魂與自己交流時所發生的跡象的能力，在不知不覺中變成身處於各種念想交織的迷林裡。直到我們徬徨、迷惘時，才彷彿重新感覺到似乎迷林之外有一個光點，召喚著

我們去看見祂，讓我們願意花更多的心力，穿越重重的障礙，想要奮不顧身地再次去與那個光連結，那就是我們的靈魂之光、內在之光、本質之光，我們本來的歸宿，我們的源起，唯有回到這個光裡，我們才不會再次迷路，能夠擁有清晰的覺知，活在此刻。

有許多身心靈或宗教的修行方法，都是在幫助我們重新與這個光連結，但這個光以腦袋來理解是如此地抽象。確實，我們本來就不應該是以腦袋去理解他，因為祂在我們所看到的表層現象界裡是如此地隱晦，我們反而是要回到如孩童般的純潔，嬰兒般的純粹，去體驗祂，才能好好的重新連結，而那些修行的方法，就是在幫助我們回到這般純粹。

SSR 古埃及靈氣，以非常不同於其他靈氣的方法，帶著我重新回到這純粹的振頻裡，帶著我回到我的內在之光裡，我花了好長一段時間，才慢慢看清楚 SSR 是如此地潛移默化的能量，以及祂如何帶給我這些改變，這過程難以言喻，只能透過不斷地練習，逐漸瞥見小我帷幕後的內在之光，一點一滴地重新與祂連結，才有辦法漸漸體會祂的真實感。

在這趟旅程中，我透過自己的身體、脈輪、能量體、SSR 的教導、揚升大師們的教導、天使們的教導，將通往內在之光的道路明晰化，在大愛之源與 SSR 能量流的療癒洗禮下，隱藏於陰影中的自己也不斷地開始被看見，讓我有能力去直視、和解、擁抱，真正穿越光明與陰影交織的內在迷霧，我領悟到這過程中，原來最重要的事就是「憶起自己是誰」，唯有願意不顧一切地去經驗那完整的自己，我們才能真正離苦得樂，脫離與「源頭」分離的難言之苦。

SSR 對我而言，太難三言兩語介紹完，需要寫下這整本書，當作認識祂的起點，但想要完整地認識祂，似乎真的得走完祂學習的歷程，並願意持續走著，才能夠在回首時，越加明白，越加體會。這整本書如同我在 SSR 裡的蛻變紀錄，是我真真實實的內在之聲與生命故事，而我知道有許多人也都跟過去的我一樣，渴求著看見通往自己內在之光的道路，本書的前五章節末，在 SSR 與大天使 Haniel 的帶領下，我記錄了此書需要的神諭，與來自祂們所給予延伸的冥想練習與禱文，希望給予對 SSR 還感到陌生又想讓內在之聲流動的你一些支持。

現在，拾起這本書的你們，有著與自我內在靈魂重新同頻共振的召喚，願你們在我的故事中、在 SSR 的能量流中、在大愛之源的照耀下，能夠獲得一些啟發與指引，早日啟動靈魂轉化的起點，踏上尋回內在之光的道途。

第 1 章

轉動靈魂的機緣

轉動靈魂的機緣

多年前，我還只是個 30 出頭的外商行銷公司主管，做得還算有些成績，甚至老闆開始與我商談，想外派我到國外開發市場，做該區的負責人。但如同許多人一樣，在這個歲數經歷一定程度的職場淬鍊後，會開始思考人生新的可能性，轉職或是創業。這是一個混沌需要摸索的歷程，有個模糊的方向，但不知如何開始，甚至不知如何下定決心，某個程度上會有這樣的念頭，代表現況不是我所期待的狀態。

當時的我思考著要留下還是去海外發展，甚至是創業。在

一次出差時，有位朋友跟我分享了一位共同朋友會算命，他滿常去找對方問事的，我詢問了一下是什麼方法，但朋友也無法說得太清楚，只說問了他幾個問題，然後列下幾個名字在紙上，開始類似「通靈」的狀態，接著開始說一些事與建議。我聽得滿頭問號，也沒特別再好奇下去，但一切就是從這時候開始的……

過了幾個月，我感覺我卡住了，怎麼想都感覺無法堅定地去做出一個職涯規劃需要的決定。我開始焦慮，身體也開始不舒服，胸口經常很悶，因為不管是哪一個決定，我看到的未來都不是我期待的，或是很模糊不確定的，但唯一確定的是，我想離開現在的狀態。因此開始把重心都放在海外工作的機會，想說至少先換個環境，去海外發展也一直是我從小嚮往的。

但重心放在這個想法上後，心中的焦慮並沒有變少，依舊有許多隱隱作擾的內在狀態。後來又見了幾次出差時的那位朋友，他又分享了他去算命時的體驗，我的腦中開始浮現了很多人常說的一句話，「人生十字路口，是個大決定，就去算個命吧，問一問也好！」於是隔沒多久我就私訊了這位會算命的朋

友，想好好問一問我該怎麼做？

　　在做這個決定之前，我內心是很煎熬的，不是因為職涯規劃卡住的原因，而是因為我抗拒去找人算命，這得從我小時候的經歷說起……

小學時的
能量感知經驗

在我幼稚園的時候，我就開始發現自己的體質與感知力是敏銳的，經常到某些地方，會有莫名的感覺，經常都是不舒服的與令人害怕的，可能也有輕鬆開心的經驗。但小時候是比較單純的心智，就沒特別覺察其中的差異，但是莫名、突如其來的不舒服與一些怪怪的情緒，是我很確定的怪異經驗。

在國小時，我的爺爺突然在他房間裡過世了，我記得在辦喪禮時，所有的親人都一直在哭，我當時一直不太理解，雖然看著爺爺躺在棺木中，可是我覺得爺爺還在這，我感覺得到他，

雖然爺爺沒有像個明顯的鬼魂出現在我面前，但對我來說，我那時候就知道了死亡並不是個終點，只是肉體死亡了，這副軀殼失去了肉體生命的能量，而這一切都很自然。但是大家都在哭，我感覺自己應該也要跟著哭，但我完全沒有想哭的感覺，哭不出來，直到我開始感受到大家的悲傷與情緒，我才開始跟著哭泣。

這是一個很奇怪的經驗，因為我更深刻地覺察到我跟周圍的人不同，反應也跟一般人不同，而我會在喪禮上哭泣的原因居然是因為眾親友的悲傷，而不是因為爺爺的過世。

後來每次到了爺爺房間時，都可以感覺到，他的一些能量留在房間裡，想要把某些未完成的事完成，隨著時間過去，房間用途也改變了，這股爺爺的能量漸漸淡掉，但每次經過時，還是覺得這區域有些未被整理好的能量感。

另外一個能量感知清晰的記憶是在國小 3 年級左右，弟弟分享了學校老師教他們的一個練習，叫做「香功」，但弟弟只記得一個動作，就是雙手置於胸前，雙掌面對面。弟弟也不曉得這個能幹嘛，我更是不知道香功是什麼，但我們就這樣玩了

起來。當我雙掌相對時，我開始覺得不可思議，因為我可以感覺到雙掌中間的能量流動、磁力、彈性、延展度、類似浮力的作用感，以及拉展至不同距離時的感受。因為太好玩了，我開始天馬行空地做很多不同的嘗試，四元素是小時候常常聽到的魔法概念，我就胡謅地亂玩亂測試，結果當我意念開始各自想著「風、火、水、土」時，真的開始有了四種不同的感知變化，覺得非常不可思議，讓我記憶深刻。

風，空氣的流速變得加快，甚至有清爽的風在流轉，從掌心，逐漸擴散到雙手以外，乃至全身都在這股風的包覆裡，我經常在很熱，希望有風的時候做這個練習，它讓我全身會變得清涼舒服。

火，掌心開始發熱，可以感覺到中間的氣團溫度提升，漸漸雙手整個溫熱起來，然後腳掌也開始熱起來，全身也跟著熱起來，處於一個非常溫熱的感覺。當天氣變冷，或覺得冷的時候，我經常用這個方式幫自己暖和起來。

水，跟風元素不同，沒有明顯的風速流動，但有緩慢的清流，就如同手放入溪流水中一般，更為集中，觸感也更清晰一

些，水元素的環繞，跟風與火不同，比較不像在空氣中浮繞著我，更貼近皮膚的流動觸感，有動向的在皮膚表面四處遊走。一樣在天氣熱的時候，會試著跟風元素一起幫助自己降溫。

土，一開始讓我最感覺不到的，後來才發現它其實更為具體。當我第一次去連結土元素時，我以為什麼都沒發生，因為沒有任何的流動感，在我要結束嘗試時，發現周圍的氣流是凝結與不流通的，我輕輕地晃動自己身體，感覺能活動的空間變小，彷彿我在一個沒有窗戶的狹小空間裡，即使在戶外做這個練習，也會有瞬間無風的感覺，就算有大風吹過來，也感覺被削弱很多，它讓我內心感覺變得比較靜下來，而且有一些踏實感，有一種無形的支持與能著力施展自己的感覺。

這些元素體驗，過程中，我比較沒有去留意到顏色，比較多都是體感。但是漸漸地我看得到雙手中間的能量團，許多透明的微絲聚集與纏繞，甚至有時候會有些光感與明亮感，這都是肉眼視覺，但也有一些心象視覺，彷彿看得到風火水土的形象在手中。

雖然這些體驗真的有感受與變化，但小時候總覺得不夠具體，不夠清晰，以為會像卡通或電影那樣的視覺效果，可是在我身上的顯化並不是這樣。當時的我也不曉得是不是真的世界上有人可以做到非常物質界的顯化，就像小時候電影裡看到的特異功能人士或是魔法師一般，隨著時間一久，加上小時候對這些領域模糊又陌生，理性的腦袋開始將我拉回，認為做不到物質界的顯化，就不是真實的，開始改以自我幻想的念頭去解釋與忽略發生在自己身上的狀態。

高中塔羅生活帶來的
自我逃避

　　在高一時，因緣際會下遇到一些會塔羅占卜的朋友，被占卜過一次後，我發現當下我看得見如何解盤的軌跡與邏輯，於是很快地就自學上手。後來我開始了每天幫同學和朋友占卜的生活，當時一切都只覺得神秘有趣又好玩，並不覺得要把占卜當成一件嚴肅的事，甚至覺得，同學們為什麼不自己去弄一副塔羅，自己抽牌、自己解惑就好？

　　對當時的我而言，我覺得這是一件很簡單的事，其實大家自己去玩就可以了，直到開始出現許多占卜相應並有一些能量

失衡現象發生的時候，才覺得要認真一點地對待占卜這件事，以及發現原來不是每個人都能夠輕易地解讀牌意。

能量失衡是現在經常聽到的概念，在這邊指的是宇宙平衡交換法則，讓我們不能透過「小我」認為的自由意志隨意介入他人因果命運。但在那時候，身為一個高中生，並無太多的資源，加上網路還不發達，以及幾乎不認識這個領域的前輩時，許多的經驗都是靠跌跌撞撞摸索出來的。

當時我開始注意到占卜能預測未來與瞭解過去的威力，且確實地發生在我所協助過的占卜上時，常常過程與結果都讓我感到不可思議。

我記得有一次跟同學下課後去吃東西，就在店裡開始邊吃邊算了起來，老闆娘在旁邊看得很有趣，就好奇地加入我們，並邀請我幫她占卜，我很害羞又很沒自信地答應了。因為這是我第一次幫完全陌生的人占卜，而且還是一位大人。我記得我跟她說：「我試試看，但我就是盡量解讀牌上面的意思，妳聽聽看就好。」

當我解到一半時，我記得當時解到她的婚姻，她的臉開始出現很震驚的神情，然後開始有一些情緒，開始有些事情在她心中盤旋的感覺，很專心地默默聽我說完，然後就突然起身說：「你們這一餐全都算我的。」我整個就是緊張到發抖，同學們在旁邊又驚又喜地大叫，說我太屌了之類的，我整個還沒反應過來，我只覺得很震驚，心裡想著，塔羅占卜真的不是一個兒戲，而且很有力量。

我也發現，只要占卜未在正確的能量交換環境下，或是占卜建立在自己的慾望執著上時，抽出來的牌卡就會變得難以解讀，以及會有一些意外發生，像是突然弄丟一些東西、小受傷，或是原本正在發生很順利的事情變得困難重重、急轉直下，甚至失敗。我才知道原來要有正確的條件交換才可以進行這件事，開始知道為什麼會需要收費或是有個隨喜紅包，或是其他雙方覺得喜悅平衡的交換條件，才可以執行這件事，而這個交換的心態還不能是小我的執著慾望，必須更純然、純粹的狀態下去同意這個靈性工作的開展。

這是我到多年前，開始正式踏入身心靈服務後，有了更多

個案服務、療癒與帶課的經驗下，看見更多的宇宙平衡法則的細節，這也就是為什麼修行這麼重要的原因，我們必須去學習斷掉我執，才能看見真正的能量流動，以及什麼能做與不能做，更加地參悟因果業力的運作。

更加體會到占卜的能力後，我開始更投入這件事，一方面我很樂在其中，另一方面是有幫助到他人的感覺，幫助別人看見一些問題的方向、答案、給予解惑與開導。慢慢地我發現能運用的程度開始變化，我能夠在聽到他人的問題後，在內在視覺中看到未見過的牌陣形狀，並能知道每個位置的意義後啟動我的自創牌陣，我甚至不用很正式的塔羅牌，就可以開始進行占卜。

有幾次我沒有帶牌到學校，我就自己用白紙裁切做了一副，上面沒有圖案，只有牌的名稱，一樣會有用。後來更發展成不需要有塔羅牌在身邊，只要個案問問題，就會有牌與牌陣開始出現在我的內在視覺裡，我就可以開始解牌。對我來說，這一切的發生都很自然，我內心知道這些方法都會讓占卜成立。

　　隨著每日的這些練習越來越多，我開始經歷一些奇怪的狀態。有幾次，我只是在搭公車或走在路上並沒有在占卜，突然間會有一些強烈的情緒衝進身體裡，然後在腦海中會開始播放一些影像，我知道這很不尋常，也知道這些事情好像要發生了，但我說不上來。果不其然，隔沒多久後就發生了，我感到很不可思議，甚至開始感到害怕。如果都是好事情，當然都很開心，但滿常遇到的都是壞事情，會覺得可怕是因為有時候那股情緒會強烈到失控，我會突然間開始啜泣甚至全身發抖，整個不知如何是好。

　　因為發生的頻率越來越多次，我知道不可以再這樣繼續下去了。於是某一天晚上，我很掙扎地做了「封牌」這個決定，很直覺地將雙手放在眉心上，下了很重的意念「封印」，希望不會再經歷這些不舒服的感覺。結果真的就沒有再發生這些讓我不知所措的情況了，但敏感的體質還是在，當我想去感知的時候，我還是會知道環境裡的狀態。

　　另一個讓我想封牌的原因是，我發現越來越多人會依賴占卜，什麼大小事都想要問一下，或是同個問題想問好幾遍，無

法接受所獲得的答案，每隔一段時間就想再問一次，彷彿失去了一些自我成長與思考的能力，包含我自己都有不斷在內心提醒自己不要落入這個狀態，我知道這是一個不好的情況。而且，我也看見占卜的結果是會隨著當下個案的狀態而變化的，因此未來也會開始變化，這就是為什麼在解讀占卜時，過去通常比較準確的原因，因為「當下」是關鍵，當下決定未來，所以我逐漸將占卜變為輔助，甚至能不用就不用，改以覺察個案問題的根源，引導他們去看見問題真實的樣貌，他們才有可能往好的方向前進，因為狀態沒改變，就會一直再輪迴，在不同的事件裡經歷相同的問題。

　　以現在比較多人理解的觀念來說，就是我們每個人都會顯化現在狀態的振動頻率，這個頻率沒有被調整，那我們所問的問題，關於這問題的答案與未來也會非常顯而易見，所以「轉動心念」是一個根本的關鍵，不管是在當時或是現在，我都還是這樣教導給我的個案與學生。

　　因為這些從小到大的經驗，我開始閃避這些神秘能量類的領域，也很少跟人提起，長大後的朋友圈都不太知道這段過去，

這也就是為什麼我會很掙扎要不要找我的算命朋友幫我看職涯方向的原因，因為對能量太敏感，害怕一不小心自己的狀態又失控。而當時後期，我認為心念是比較重要的，加上我後來求學的方向都轉以比較實際的商學、廣告公關、行銷為主，我開始轉向以心理學、社會學、科學、統計學等取徑，去理論性解釋一些現象，變得太過理性與封閉地看待這些事情。

某個程度上我努力在刻意遺忘與否定發生在自己身上的經驗，但我心裡面始終都還是充滿著許多關於生命、人生中這些能量現象的疑惑，而我也期待能遇到解答我經驗的人。有趣的是，在大學與碩士的論文都是以圖像、符碼、象徵、意義詮釋等概念進行研究，特別是榮格的原型概念，後來才發現原來榮格在神秘學、靈性、能量、煉金術、易經等等都有涉略，希望能找到現象界背後的能量狀態。原來我千轉萬轉，都還是離不開靈性探索以及能量的學習，我的生命還是會想辦法帶我前往探索這一部分，即使我變得封閉又理性。

個案體驗
一重新被啟動的契機

　　還記得那天去做個案的時候，心情滿複雜的，有一種開心又怕怕的感覺，因為期待聽到一些職涯方向的答案，另一方面是朋友的方法不是占卜，很好奇是怎麼進行的。

　　當我進到個案室的時候，我朋友請我寫下我的一些基本資料在白紙上，然後有個簡單的小儀式，開始啟動了這場正式的問事，我可以感覺到氛圍有點不一樣了，但腦中充滿了問號。接著我問了很多關於工作上的事情，腦袋一直在分析創業、副業、工作等等的優缺點，甚至還一直在思考著投資的領域，問

了一大堆問題，但我的朋友在給予建議的時候很特別，這個過程不太像諮商，而是透過某些目標的能量感在判斷未來是否會被顯化。

當我還在思索聽到的職涯內容時，慢慢話題方向就轉向了靈性這一塊，因為他開始看見了一些關於我靈魂的事情，當時心裡面的振動很特別，感覺當下好像能放心的聊聊生命中靈性體驗這一塊了。這是我第一次覺得可以安全地跟別人認真討論這些生命經驗，我的朋友開始分享了一些在我身上看到的能量品質以及一些前世故事，突然間我的朋友看見了我跟天使的關係，並且收到一個訊息要幫我進行一些能量療癒還有打開我的眉心輪。

我有點緊張，當時的我早已忘記我曾經在我的眉心輪下過封印，我朋友也不知道我過去的故事，我們認識的時候，就只知道我是行銷界的人而已，連我自己都是很後來的時候才串起來這些記憶。當下我只是想說現在怎麼了？怎麼開始聽到一些有點奇幻的事情，是在拍電影嗎？還是在……？覺得很新鮮，但又覺得緊張、怪異，心情錯綜複雜，畢竟我已經對於這些神

秘的領域封閉了十幾年，腦袋很硬，對於這些內容，我真的會不自覺開始抗拒聆聽。但我就試著配合，放輕鬆地坐在椅子上讓我朋友進行他的行動，漸漸的我可以開始感受到能量的變化，我朋友大聲的說著啟動百分之 40、百分之 60、然後來到百分之 70 的時候有點卡關，還說著可能會上不去了，但後來我就讓自己的心再更放鬆，更相信這個過程，就上去了，來到百分之 80，最後有沒有到百分之百我有點忘記了……因為進行到後面，我開始有點飄飄然，已經沒什麼留意到我朋友在做什麼，而我開始看到很多的畫面，很多的光影，還有我跟天使的關係，然後很專注地在這些畫面中，直到我朋友輕輕地叫我回來，我才有點恍惚地睜開眼睛。

　　整個後來對談的主題幾乎都圍繞在這些內容上，我才開始分享了一些小時候的經歷，而他告訴我，或許我可以跟天使多做一些連結，幫助我找到一些答案。就這樣，這場個案以一個很奇幻的方式結束了，而且時間比預期得還要久，我的心情很特別，有更多的問號，但也有獲得一些解惑。我也不知道這到底在幹嘛，但是接二連三生活裡開始出現了很多共時，有一些生命事件居然不可思議地被串起來了。

天使開始與我對話

在個案後，我確實有將所獲得的資訊與建議放在心上，工作上也順利地前進，而靈性層面更是有了新的開展，就是與天使的關係。回到生活的日常裡後，我半信半疑地思考個案時所獲得的關於我的靈性資訊，特別是天使這一部分，因為都有種難以去認知是否為真實的心情，太超過凡人能理解的範圍，但接二連三與天使的共時事件打開了我的腦洞，讓我不得不正視這一切的可能性。

過去的我對於身心靈界很常提到的天使數字，或是一切跟天使有關的資訊都是完全不認識的。有一次跟朋友分享完我的

個案體驗、天使及靈性資訊時，來了一台 444 的計程車接他，當時我有留意到這台計程車是連號，有個刻板印象浮現，444 感覺是一個不太吉利的數字，我們剛剛才相談甚歡，怎麼會來一台這樣的計程車。就在這些小聲音閃過腦袋時，我朋友突然開口說連號與 444 有特殊意涵，我可以去查一下，我當下反應是「喔？是喔？」，心想說不就是不吉利的數字嗎？我朋友當時也沒有太涉入身心靈，但他突然這樣的提醒，讓我覺得找一下資訊也無妨。

　　他走後，我試著 Google 444 是什麼意思，才知道原來 444 是天使數字，而 4 本身就象徵著天使的意思，當時我看到的 444 訊息是「此刻我的身邊到處都是天使，祂們知道我一路走來很辛苦，但祂們一直在我旁邊守護著、愛護著與引導著，我與天界的連結很強，請多留意自己的直覺與靈感，繼續保持著熱情勇往直前，往所決定的道路前進。」

　　當我看到這段訊息時，心中充滿著難以言喻的觸動，瞬間潸然淚下，從小到現在的人生經驗像跑馬燈一樣迅速在腦中閃過，複雜的情感在心中交錯。因為我的原生家庭與成長歷程真

的是痛苦的，我很清楚我經歷過什麼，一種「祂們懂我」的感受油然而生，所有的一切都在那「盡在不言中」的一刻，而且完美共時著剛剛與朋友的對話內容，這是我第一次這麼清晰地感覺到祂們的存在，一種恩典臨在的感受。

越來越多這樣的事情發生在生活裡，我開始思考或許我可以去書店找一些跟天使有關的書來看看。於是有天下班，我走進了書局，在身心靈相關的區域閒晃，一開始沒什麼方向，也沒看到什麼有感覺的書籍，就在那邊躊躇的時候，一個靈感告訴我「我對塔羅至少是熟悉的，可能學比較快，剛好有一副牌卡叫做天使塔羅牌，不然先從這一副去探索一下好了。」

但因為有塔羅時期的陰影，一開始還是有點不敢拿，但當下好像也對別的沒什麼感覺，於是我還是從書架上拿了這一副牌卡，而在拿出的那一瞬間我被一隻美麗發光的獨角獸吸引了，感覺到這副牌就是我要找的牌，於是就決定要購買了。當我決定購買時，它的旁邊有一本天使塔羅全書，是這卡牌的使用指南，於是我拿起來，隨手一翻開，立馬翻到了「2 號牌大天使漢尼爾 Haniel 女祭司」這一頁，我感到極為震驚，我完全不知

道這副牌裡面有這一位大天使，也不曉得這副牌的設計，這股震撼感並非一般的驚訝感，而是一種由內而外，從內在靈魂深處感受到的震撼力，當下我的心中只發出「天啊！這到底是怎麼一回事！？」的聲音，認識我的人都知道我的英文名字就叫做 Haniel，而這確實就是因為曾經跟祂接觸過才取的英文名字，女祭司的身份，還剛好相應了當時我朋友在個案時所告知的一個過去世的身分，而且還給了我很多當時的資訊，從那刻起天使們開始與我正式的對話，天使們曾臨在於我生命中所有的軌跡與線索，像拼圖被拼起來一樣，在那一刻完整了。

　　會取這個名字是因為在我考碩士的時候，我當時考砸了某間很想去念的學校，我心情低落到谷底，非常地責怪我自己。那是我人生第一次如此奮力一搏地想要完成的一件事，可是卻因為自己犯了不該犯的錯導致失常，每天心情都非常地差。我當時軍訓課的教官看我心情不好陪我聊了一會，然後突然問我要不要抽張牌，我心想「蛤？」，腦中浮現兩個想法，第一個是我抗拒再碰牌，第二個是我以為是塔羅牌，教官並不知道我的過去，但是她人很好，對話中常常讓我感到很放心，於是就

決定抽抽看吧，反正現況也無解。

到了辦公室後，她從抽屜拿出了一副牌，請我洗一洗，然後抽一張，我有點不自在地拿起來洗，而且邊洗還覺得這副牌好大，心中默默想著針對目前的現況有什麼想告訴我的，然後抽了一張，當時抽出來的牌正是「大天使漢尼爾 Haniel －熱情 Passion」。

我才發現這副牌不是塔羅，是天使牌卡，牌上的意思是「信任，並追隨你在愛情生活與工作中嶄新的熱情」，這段訊息裡有幾個關鍵字特別地跳出來「熱情 Passion、信任、工作、愛情」。我一看到這張牌，我心中立馬反思了為什麼我當初會想要考研究所的初衷，當時的我因為當時的伴侶也在廣告行銷領域學習，而我也開始思考了這樣的研究所是否就是我應該努力的方向。當我決定要做時，真的是非常背水一戰，因為我並沒有資源支持著我去念研究所，我的經濟條件也非常地拮据，我的家人也覺得我是不是該先去工作賺錢幫助家裡。但我已經非常清楚知道為什麼我要考研究所，以及從碩士畢業後我要做什麼，而且我很喜歡這個領域，想在這條路上學習與工作。

就如同牌上面的關鍵字熱情 Passion 所強調的一樣，我當時在這件事上是打從內心的有熱情在，在那瞬間我彷彿釋懷了、被療癒了。雖然我沒有考上心中想去的學校，但我還是考上了世新公關廣告碩士的榜首，而只要我有熱情，不管在哪間學校學習，對我來說都是美好的。我跟教官說，可不可以讓我影印這張牌，我想將它的影本放在我的筆記本裡，後來我自己也將牌卡上的訊息重新手寫在筆記本上，提醒著我這一切的美好，以及我真正需要關注的初心。

正因為大學即將畢業時，如此地被大天使漢尼爾 Haniel 鼓舞與拉了一把，我馬上當時決定將英文名字更換成 Haniel，幫助我提醒自己，永遠要記得自己的初衷，並有熱情地去實踐我想做的事，回歸純粹，放下不需要的執著煩惱。隔了一段時間後，現在回過頭看，我也明白為什麼我會去唸世新，原來當時的發生都是完美的，讓我在求學的時候不僅不需要太擔心太多事情，還獲得最適合我的學習模式，遇見了我人生很重要的指導教授，她對我的指導就像很信任我的媽媽一樣，任我在畢業論文上自由發揮。也因為當時的選課，還在那時候學習了許多

榮格的學說，並以原型理論發展了我整篇畢業論文。

在那段時光我得到了許多豐盛的成果與貴人，甚至在我最擔心的生活費上面，都因為成績的關係獲得獎學金、助學金，渡過了許多艱難的時刻，如果那時候我上了另一間學校，我可能就沒有這些獎助學金可以幫助我了。

雖然那時候有如此地被支持到，但我並沒有再去探索天使面的訊息，也沒有真的認為天使存在著，只是覺得獲得了一個很棒的啟示，然後單純地回歸我的日常，往碩士的生活前進。

而在書局那天，我永遠忘不了翻到女祭司那一頁我馬上全身起雞皮疙瘩的感覺，那種震撼度非常難以形容，彷彿一切都在祂們的神聖安排中，已經無法稱這些生命事件叫做巧合，而是有股更高維度的能量在看顧著我們、帶領著我們。我們在這三維度的世界，彷彿在祂們的眼中是平面的，就如同在玩桌遊或大富翁一樣，有個帶領者用更高的視角在看著眼下的所有變化，在需要的關鍵點置入關卡訊息或提供協助。

因為這些歷經從出生到現在的一切事件的串連，讓我看見

更多祂們與我強烈連結的真相，特別是大天使漢尼爾 Haniel，不僅再次帶我直接連結到祂，更在書中看見了祂是與我如此緊密的連結著。祂是一位守護雙魚座及月亮的大天使，而我正是雙魚座，我的上升星座是巨蟹座，月亮是巨蟹座的命主星，完美對應著我的星座本命。

另外，我高中時朋友送我的禮物，屬於我的第一副塔羅牌，也是我當時專門使用的塔羅，那副牌也是以月亮為主題，而 2 號牌女祭司對應著我的生命靈數 2。大天使漢尼爾 Haniel 從我一出生，就一直在身邊指引著我，從那一刻開始到現在，我不再感到真正的孤單，也開始真正地相信天使存在著，而祂們經常在我身邊給予支持，與我對話，鼓勵著我穿越靈魂藍圖裡的安排。

當我開始真正在身心靈界探索之後，除了我自己與祂的連結領悟外，我看見了更多大天使漢尼爾 Haniel 守護領域與我體質的相應。除了前面提到的雙魚座、月亮之外，祂也掌管了靈性與精神的連結，西方將祂的名號意為 Grace of God 或是 Glory of God，祂的能量能夠協助喚醒我們最純粹的天賦與才能，讓

我們有能力去連結到真正的神之恩典的精神，幫助我們更清晰地去看見我們的生命要帶領我們走向何處。

祂特別對於女性以及天生帶著預知力的高敏感體質的人有著強烈的連結，女性是因為月亮的能量與月經有著很大的關聯，因此有這方面困擾的女性也都可以尋求祂的協助。而帶著預知力的高敏感體質者，像是擁有敏銳的直覺、靈感、情緒敏感、內在視覺、夢境、能見到氣場顏色，或特別能留意到不尋常重複的符號、象徵物或數字的人，這些歸第三眼眉心輪或臍輪的能量所在範疇，也都在大天使漢尼爾 Haniel 的領域中，因此不管我們這方面的天賦是用何種方式顯化，祂都能協助強化這一部分的連結。

剛好，我從小到大的能量感知有許多顯化的面向都在這個領域上，包含我是個體質敏感且情緒感知力強的人，曾有過預視未發生事件的經驗，以及靈視力、特殊夢能量感知力等等……，都特別地吻合大天使漢尼爾 Haniel 的守護區。除此之外，祂也特別能夠連結女神的力量，剛好也對應了我踏入 SSR 古埃及靈氣課的學習，因為在 SSR 的能量流中，也帶著大量的女神力量的品質。

這一切的一切都是我從未想過的。而這些事件發生時，我真的都還不知道大天使漢尼爾 Haniel 以及 SSR 古埃及靈氣的資訊，但自從那次個案後，以及踏入 SSR 的學習後，還有好多好多類似這樣的故事，一直到現在，發生在我每天的生命裡，朋友經常聽著我說的故事，說著我好像每天都過著很有趣的生活。確實是這樣的，當我們活在能量流裡時，我們覺知世界的方式就變了，視野也變了，會發現你著重的生命重點跟過去會產生許多不同，有太多的經驗無法在這本書三言兩語地分享給大家，特別是跟天使有關的部分，未來有機會希望我有能力分享更多從天使那所獲得的、知道的，以及被教導的內容。

　　雖然我的感知力敏銳，但我的腦袋其實比很多人還硬。我都跟我的學生說，你們真是幸運，在一開始對於這些無形的能量世界比我當初還要相信，很少經歷腦袋卡關的過程。也因為如此，祂們經常以我完全不可能再去懷疑祂們的顯化方式將我拉回這神聖的流動裡，將我的腦袋敲醒，不斷地後證所有這些能量世界的一切，讓我無法去挑戰這個真相，帶領我學習臣服、相信、不再心生懷疑與動搖。

開始踏上靈魂轉化之旅

　　如果沒有從小到大的經驗，如果沒有這場個案，以及如果沒有個案後發生這一連串不可思議的事件，我想我還迷失在人生中，不會想踏入靈性的學習。不瞞大家說，我當時學習 SSR 古埃及靈氣，純粹是一個懵懂與相信，我這一位算命朋友後來邀請我學習 SSR 的時候，我也完全不知道這是什麼，上網找了一堆資料還是看不明白，而且網路上的資料非常地少。但當時的我只單純的覺得，我應該要好好學習照顧我自己的身體，特別是體質敏感的部分，如果這是我一生無法避免的狀況，至少為了健康，我需要學習。

直到我真的踏入學習後才開始真正的覺醒，先前的經驗都只是在鋪陳這人生後半段，SSR 不斷地帶領著我突破與穿越很多課題，將我帶回我靈魂該前進的方向，甚至是下一個蛻變躍遷的計畫，敏感體質只是我踏入這趟學習之旅的契機。

　　事實上是，有許多人的天賦已經無形中於生活裡開展而不自知，也因為這樣的開展所產生的困擾，會干擾我們本有的感知力，大部分的人的感知力都是敏銳的，只是很少去留意這些細節與變化。所以不管你的狀態為何，或是帶著你進入 SSR 學習的契機是什麼，你的人生早已安排了許多啟動你靈魂覺醒的時刻，而只是剛好你與 SSR 有緣分，能藉由 SSR 的能量流引領你前進，SSR 都會以你靈魂至高至上的安排帶領你覺醒，這是我在許多同學身上看見的真相，幫助你在你需要發光發熱的領域綻放。

　　我相信大家對於 SSR 古埃及靈氣很容易感到一頭霧水！就算看了一些網路上的資訊也不太明白。沒關係，因為過去的我也跟你們一樣，甚至比你們知道得更少，直到我轉化了、畢業了，我才開始有點搞懂何謂 SSR，我的故事與這整本書或許能

幫助你們更瞭解 SSR 能量流，以及祂是如何無孔不入地滲流在我們的能量體與靈魂裡，我的學習歷程與蛻變，甚至是未來的開展，都還乘行著祂的能量流前進。如果你對於這股 SSR 能量流與我的故事有莫名的感應，建議你可以細細地去品味每個章節，幫助你去看見你與自己靈魂的連結狀態，以及你與 SSR 的緣分。

✞Divine Message for Soul ✞

卸下擔憂，

奇蹟才有空間進入，

樂觀的力量為生命經驗帶來新的視角，

成功真諦得以顯化。

— SSR & Archangel Haniel

擔憂之恩典冥想

◉ 挑一個安靜的地方坐下

◉ 聽一首幫助放鬆的輕音樂或冥想音樂

◉ 兩腳著實踏地，微微收進下巴，伸直脊椎，雙手自然垂放雙

腿上，雙掌向上

◉ 閉上眼，給予自己三次的深呼吸

◉ 在腦海中觀想曾讓你感到安心的場景與人事物，讓自己沈浸在安心的氛圍裡，接著觀想有一團黃橘色溫暖的光芒包覆著自己，請沈浸其中，直到準備好時再慢慢睜開眼睛

◉ 雙掌置放在胃上，藉著念誦這段文字，讓「擔憂」的恩典顯化：

○ 感謝生命中目前所有一切的發生，讓我現在能透過「擔憂」這把鑰匙，打開連結我內在的靈魂之門，喚醒靈魂真實的光芒

○ 感謝擔憂，我得以知道我真正在意的人、在意的事、在意的物

○ 感謝擔憂，我得以覺知我的價值觀

○ 感謝擔憂，我得以知道我擁有什麼樣的潛力

○ 感謝擔憂，我得以看見真正的自己

○ 感謝神性藉由「擔憂」的顯化輕敲了我的靈魂之門，讓我有機會藉由卸下祂而得以完整，感受奇蹟的臨在，我已深刻地收到您捎來的神聖消息

◉ 閉上眼睛，再給予自己三次的深呼吸，靜靜地感受這恩典的品質，當準備好時，歡迎自己帶著滿滿的祝福，回到此時此刻

第 2 章

SSR 的學習之旅

SSR 的學習之旅

　　我要踏入 SSR 古埃及靈氣的學習前，上網看了一些資料，大部分的內容對當時的我而言非常陌生，因為有許多身心靈領域使用的語言，其語境脈絡也都非常地不同。閱讀起來經常是有看沒有懂，只知道跟臼井靈氣有一些關係，然後還有另外兩股能量 Sekhem、Seichim，一些關於他們的定義，剩下的都看不懂了，也記不住。不像現在網路上的資料更多了，解釋得也更為清晰一些，以及學了對自己會有什麼幫助，如果有開始接觸身心靈領域的朋友，或許現在閱讀起來已經能夠有些意會。

當時我的老師也沒有丟給我太多這方面的資訊，但因為在個案後發生了很多不可思議的事情，讓我決定先上了再說，至少「靈氣」對於身體是健康的，醫學領域上也有很多人也在用靈氣進行身體的療癒，就這樣我懵懵懂懂地開始。

靈魂受錮的狀態

　　記得當初上第一堂課的時候，心情很謹慎又緊張。當時在職場上的習慣，總是會比較嚴謹地看待每一個會議或課程，覺得事前要將自己準備好才能進入學習，而且因為我跟其他學生湊不到一起上第一堂課的時間，所以我被安排單獨補了第一堂課。一到教室，只有我一個學生，對於當時身心靈課程學習經驗是零的我，覺得很好玩，也很好奇接下來老師要教的內容。當老師開始上課後，我以為會是很教條式的學習，要抄筆記、看書、閱讀資料等等，但我們沒有，很簡單的分享了一下 SSR 的觀念之後，就開始進入實際的練習。

當時的第一個練習叫做「打開脈輪」，老師隔空對著我示範了從心輪順時鐘向外擴展至每個脈輪，最後停在頂輪的一個手序，接著要我也做一樣的練習，在他的身上練習打開他的脈輪。我不得不說，那時候的內心非常地想笑，覺得這一切也太不正經了吧！好像回到小朋友的時候在玩鬧的狀態，而且內心覺得做這個動作，該怎麼說，有一種害羞丟臉的感覺，當下很難為情，整個小劇場超多，非常放不開，但還是試著做了那個動作，老師好像發現我進入不了狀態，就改用別的方式繼續了後面的課程。現在回想起來，還是覺得當時的狀態很囧，也對我當時的想法、情緒感到好笑、幽默，怎麼我離活在能量流中的頻率這麼遙遠。反觀自己現在的學生，他們第一次上課，通常就很進入狀況了，而且很自然，相信這些靈性流動的狀態比我當初還好呢，可以少走很多路。

隨著後面的課程開始，我也開始遇到了幾位一起上課的同學，大家的背景都非常不同，也因為不同的原因聚集在這。而上課的過程，大部分都是老師在口述一些觀念，以及很多實作的對練，加上剛開始對這領域不熟悉、對同學不熟悉、對課程

不熟悉，我都會不自覺地安靜與專心。一方面在觀察與理解這是一堂什麼樣的課，一方面也不斷在懷疑這堂課。

我記得好像是第三堂課的時候，有個同學的狀況比較特別，老師開始帶領著我們進入一個類似前世療癒的過程，每個人都被老師分派到了一個角色，而那位同學則是這場療癒的主角。接著開始進入一個角色扮演的療癒過程，有點類似現在大家經常聽到的「家族排列」，但又非常地不同。

過程中那位同學有很多情緒的釋放、念頭的釋放，我試著跟隨著老師的指引，去完成我被分派的角色任務。在那一次，我以為我會無法投入，但沒想到，我還算能進入狀況，暫時的切斷腦中的其他小聲音。如果當時有旁觀的人，他們可能會覺得無法理解或是有點不安，我也以為我會有點不知所措，但卻有另一股心情浮上來，「想幫助這位同學」，讓我很快地可以完成我需要負責的。那次課堂後，老師事後曾經有提到其實 SSR 的帶課脈絡比較少有這樣的情況，但 SSR 的每堂課會怎麼開展，都是很難預期的，也都很考驗著老師當下的順流帶領，因為我們在很前期的時候就遇到了，所以還是稍微跟我們說明

一下狀況。

其實，在 SSR 整個上課的進展中，每個人在這裡經歷的都會是一趟靈魂療癒之旅，會碰觸到的層面至少就有四大面向，肉體、情緒體、精神體、靈性體，而每一個體次都夾帶著大量的訊息、業力印記與能量卡點。可以把自己的存在當作一台車子，而這 4 個面向，就像 4 個輪胎，只要其中有一個發展不好，自己的存在與進程就會不順利，甚至開始生病，當 SSR 的能量開始進行運作後，許多不屬於你的能量會逐漸被鬆動甚至剝落，會開始平衡這 4 個面向，就很像傷口被治療時，也會同時伴隨著很多的不舒服，但是唯有走過那段時期，我們才會復原。

用一個很簡單的日常例子說明，大家可能會比較明白，大家是否有見過喝醉在那邊鬧的人呢？仔細觀察他們的話，會發現喝醉的人他會被困在另一個迴路裏，在那個迴路中他所經驗的事實，跟在旁邊清醒的人是不同的。在那個狀態下，會發現他的肉體跟精神狀態非常的失衡，會做出旁人無法理解的行為，他跟環境的互動也會產生變化，情緒也是因人而異地多變，講話也會有點語無倫次，接著當酒精慢慢被代謝掉後，他開始清

醒，經歷宿醉的不適，才慢慢地變回日常的他。

　　療癒所處理的就是類似的情況，我們每個人從小到大所經歷過的事件，不管好的壞的，都會對我們產生大大小小的影響，而形成一些制約式的信念、框架、枷鎖以及行為反應，不只是今生，也包含了累世的業力影響。這些的積累就很像酒精的積累，到了一個程度就會讓我們茫掉、醉暈，並開始進入「我們自己所認為的事實」的狀態。我們現在的存在，其實就是自身所有累世業力的總和，而療癒師在碰觸的就是過往那些事件所導致的現況，並一路地回溯至相關事件，慢慢地鬆解一些制約，幫助個案去看見某個事件的真相，從而漸漸放下。

　　在這過程中個案不一定會是舒服的，因為他要放下曾經帶給他安全感與保護感的一個緊抱的救生圈。當要放下的時候，當時所顧慮的一切會慢慢重新浮現上來，包含經年累月曾經因為這個信念系統所避免掉的那些不適感都會湧上來，就很像在經過代謝、宿醉、嘔吐的情況，透過這些釋放，重新回到清醒的狀態。如同聖嚴法師所說的，面對它、接受它、處理它、放下它，藉由這段歷程慢慢從無明的狀態回到清明，而我們每一

個人一生中都在進行這樣的練習。

　　在學習 SSR 的這段旅程上，我就清楚地看見了自己活在我所認為的事實裡，而這禁錮了我所有的可能性，以及影響了我在課程中的契入程度。如同上一章提到的成長背景，它為我創造了一個信念「不想再去碰觸那些未知的能量世界，而且其實有其他的方法是可以解決人所遇到的問題的」，我緊緊抓著它，然後轉向了心理探索的取徑並運用在行銷上。讓我從感受型的人，變成理性分析型的人，變得非常善於分析現況、數據、邏輯，讓自己像個電腦機器人一樣的行動，也學習不帶情緒的做事與生活，表面上看起來會非常有效率的完成每件事，但每一個行動跟選擇其實都是在保護自己不被外在影響。

　　簡單說，就是我已經醉了，我稱之為「理性醉」，我透過逃避真實的情況，並替自己創造了另一個理由來合理化我的選擇。在這個點上，我已經創造了二元分別的結果，並極端地選擇理性的思維去看待所有的一切，將一切歸因在人的心理運作，並運用這些心理機制解決一些問題。如果只是日常的層面，確實是有效的，但實際上這樣的作法是很淺的，因為在處理的永

遠都是表層心智的反應現象，而不是真正心靈狀態的問題根源。

我在課程後期，不斷地看見了自己這個點為我的人生帶來方方面面的影響，這就是為什麼我在接觸 SSR 的初期時，我很難進入這麼抽象體驗式的情境。因為已經被這樣的信念制約得死死的，讓我在前期的心態永遠都是懷疑大於投入，而且懷疑的利基點還是建立在陰影上，無法把這一切的生命現象當做一個更大的整體來學習，老師和同學們也都有在互動中分享過我的這個現況。

一開始我很不能明白，我覺得我很正常，這一切不是都理所當然地應該是照我腦袋中的思維運作嗎？這才是所謂的正常的現實世界吧？如果都想做什麼就做什麼地去釋放自己、釋放情緒、隨意說話、沒有邏輯、沒有根據，那不就世界大亂了，毫無秩序可言。從當時這樣的想法，就已經看得出來我在「切割與控制」上的執著，無法有智慧地分辨箇中情況，讓我變成了自我控制狂。同時我也讓外在控制了我，不斷地在切割，為的就是想保護自己不受外界影響，逐漸進入所謂的「自我解離」狀態，阻斷了屬於我自己真正心流的連結，透過我腦袋想要的

思維做出所有的選擇，為自己創造出了一座帶給我安全感的白色巨塔。

而這一切根本的原因都在一個點上，就是在逃避與不想面對真實的自己，逃避去尋找屬於我的真相與答案。因為看見了這個點，我發現自己背負了許多不屬於我的能量、社會期待、愛情觀、價值觀……等等，反而越活越不自由，綁手綁腳地過每一天。在大家的眼中，或許學業跟工作上都有所成就而獲得認可，但是將自己過度投射在這樣的成就感上，是更容易迷失自己的，也會創造更多的分別、對立、外在衝突、內在衝突，因為這些都還是建立在某個「逃避」的點上，而不是活在自己的心流裡。

對我而言，在當初去找我老師做個案問事的時候，其實就是內在的我已經無法繼續讓自己的心流不流動了，所以外在的我感覺到迷茫、混亂、窒息感，不管做哪個職涯選擇，我都看不到我期待的未來。

SSR 的學習分成七個面向，當時至少需要學習一年以上。我在前面第三到第四個面向的時期，我都還在這樣的受錮狀態

裡，經常下班去上課的時候都好想睡覺，在課堂上努力維持清醒，然後試著做老師交辦的練習與學習，像是連結 All Love 大愛之源、建立與維持中央光柱、掃描、脈輪、能量體、冥想、能量施作等等……。但我總感覺自己很無法進入狀態，而且好多東西都聽不懂，甚至看不到上課的意義。

初期對我來說很沒有共感，當時每天工作都很忙，也很多需要操煩的事情，還要常常加班。我很不知道「我在學習什麼，以及我在幹嘛？」，一度萌生了很想斷課的想法，認真地思考著我要如何跟我的老師說，我可能無法繼續學習了。因為我覺得學了就要有產值，要馬上看到效果，要能夠看到一些具體的東西，但我覺得我都沒有獲得什麼實質上的收穫，唯一可能有的是，上課的時候很歡樂、很放鬆，覺得下班後可以到課堂上休息等等。但這個很難支持著我想要繼續上課，因為我可以選擇下班去看場電影，跟朋友去吃頓飯，回家睡覺，或是將時間用在把工作的雜事處理完，但因為當初答應了要上這堂課，覺得既然決定了，不管如何還是要上完，成果怎樣再說，就這樣我抱著這般想法堅持著走完這個課程，然後沒想到，就在後期發生了這麼大的變化。

靈魂轉變的開始

　　因為決定至少要把這一年期走完了，我開始更認真地練習，老師安排的功課即使再忙，我都會盡量找時間做完，就算有遲交，我都會記在心上，趕快完成與補交。而自己開始每天額外練習冥想、中央光柱的建立與維持、自我 SSR 療癒，在這個過程裡，從一開始坐不住，慢慢變成可一坐好幾個小時。也在冥想中開始感覺到許多感知上的變化，從眼、耳、鼻、舌、身到慢慢變成這些感覺以外的部分，以及覺知意識的變化。自然而然地我都在練習用「中觀」的方式在看過程中的一切，對於很多細節的覺察力也慢慢提升。

上課的時候，我開始能夠講出一些課堂練習時的感受，以及我所領悟到的一些想法。因為在前期，我很常都停留在懷疑的階段，放不開自己，投入度很低，我發現慢慢能夠有這樣的變化，是每日自己的冥想與練習幫到了很多忙。我讓自己開始放鬆了，不知不覺不再去過度控制自己該有什麼樣的狀態，允許自己接受與練習被教導的方法，而且練習讓我的心智自由，允許一切在我面前顯化，而不是覺得一切都該有個非黑即白的答案。

在課堂上，我們有一個很重要的練習叫做「掃描 Scanning」，透過對於他人能量體的感知以及脈輪的感知，能夠看到對方的一些狀態，這是一個需要高度專注又深度放鬆的狀態下，才能漸漸掌握的能力。

在初期的時候，我對於這個練習都充滿了懷疑與擔心自己掃描錯誤，因為實在是太抽象了！沒有信心的狀態下，很大幅度地破壞了這個練習的體驗，但是到了後期，當我逐漸放鬆，漸漸契入流動裡後，我開始自然而然地分享我看到的畫面，脈輪狀態、顏色、情緒、以及一些直覺與靈感。不可思議的是，

開始看見了許多共時性，被掃描的同學分享了他的狀態與心情，其他參與練習的同學也掃描到類似的資訊，就這樣我們在課堂中有許多的相互驗證，非常神奇，也增加了每個人的信心，更有力量的去完成作業以及練習。

因為每天的自我練習，同學們開始感受到我中央光柱的穩定與厚度，我也覺得自己越來越能在狀態裡。而在對練的過程中，也慢慢地感覺到不同的能量品質，以及同學們可能施作的符號或是結界設計。因為這些能量確實是有不同，每每互相分享剛剛的練習經驗時，相應的時候都很興奮，覺得太神奇了。

當然在學習的過程中，並不是要去精準地知道這過程的施作細節，我也一直提醒我的學生不需要特地這樣去做。原因是，當你在過程中不夠放鬆，而且太過有意圖地想知道發生什麼事，無法維持「中觀」的狀態，執著在想要去看見那些能量細節的話，通常你那次的感受是會變差的，而且也更看不到。

接著，小時候的一些能力開始有點恢復，在療癒過程中，看得見光的流動。就如同我小學時自己在做雙手能量練習，透

過雙手的能量輸出，可以開始碰觸到同學的能量體，以及分辨出其中的觸感與細節差異，有些是團塊、有些很燥熱、有些幾乎像消失了一塊……，還有很多不同的能量狀態。經常在做完療癒、清理、淨化的練習後，同學的身體及外圍就瞬間變亮了，這不是內在視覺看到的畫面，而是肉眼上就能看到的差異。原本稀疏的部位，開始變得厚實飽滿，有越來越多清晰的感受發生，讓我開始相信這個學習是實實在在的。

但可能我天生是容易提出質疑的人，就像我小時候的經驗一樣，到了一個點之後，又會開始不太相信，雜念又會開始變多，會試著用很多原因來科學或合理化上課時的一些體驗，試著說服自己所體驗到的並不是那麼的「神奇」，而是一種心理作用。但也因為這樣的性格，讓我開始探索更多的答案，希望透過更多的經驗與實驗，來確認我的體驗。

在學習的後面階段，大概到第五面向的時候，老師開始規劃了 SSR 古埃及靈氣體驗會，帶著我們去療癒「陌生人」。這讓我們每一個學生都很緊張，因為我們平常都是在班上與同學互相練習，或是自己認識的朋友，因為都有基礎的認識，所以

練習時也感覺比較容易對頻，也比較不會不自在或難為情。而陌生人的實戰，真的就很像在考驗你所有目前為止的學習，有沒有辦法很堅定地確認個案的狀態，以及給予適合的療癒。但也可能都沒療癒過陌生人，我才會重新升起懷疑念想，於是我決定只要有辦體驗會，我都想擔任體驗會的療癒師，增加自己的經驗值，也想驗證自己的感知。

我記得第一次體驗會時，有一位個案，我在療癒過程中感受到了有一位年輕黑黑的男性在她的能量裡顯化，跟她有些感情上的議題。結果個案反饋我，她現在確實有跟一位男性有感情上的往來，而且他真的是黑黑的外型，然後接著個案就開始說著他們間的故事，而我也針對了能量上的訊息與線索，給予了相對應的建議，幫助她看見癥結點，協助她度過這一段時期。

這一個經驗讓我有了更多的信心，因為這樣的練習與相應，讓我感受到這將近一年來所受的訓練是有幫助的。雖然我當時對於「療癒」是什麼還很懵懵懂懂，但讓我想起來在高中時當一位占卜師的心情，希望透過我能做的帶給面前的人幫助。而SSR 療癒似乎更能觸碰到本質上的協助，與我當占卜師後期的

心情與想法是相吻合的，希望幫助他人都能夠看見真正的問題，並從中學習與成長，而不是執著在自己想追求的。

另外一次是室友的朋友，一位外國人，這是我第一次用英文做個案，這一位外國人非常地熱情活潑，也很好聊天與相處，是一個很真誠的人。那天他在我們家留宿，室友跟他聊到了我在學習一些能量或會一些占卜類的東西，他非常地好奇，很想試試，體驗我能夠做的。我當下有點難拒絕，畢竟來者是客，我就硬著頭皮上了，沒想到當 SSR 療癒開始的時候，我一連結上他，感受到與他外在形象非常不一樣的能量，我有點納悶。但在 SSR 療癒過程中，我們有一個宗旨，「SSR 這三股能量有自己的神聖意志，祂們會負責療癒，療癒師只要成為純粹的光之管道，祂們會帶領我們完成需要完成的。」

於是我就維持著「中觀」，觀察著整個療癒的過程，讓 SSR 帶領著我到各個脈輪、部位、位置進行療癒，然後完成這場個案。當療癒結束後，我開始反饋我在過程中觀察到的，我跟他分享，在他身上有著非常抑鬱跟深沉的情緒能量卡在他的情緒體，而心輪、太陽神經叢、臍輪都不是很流動，而且有黑

黑的能量感，主要的訊息是落在「自我表達」的議題裡。

　　我跟他說：「不用害怕做自己，做自己是很好的，你壓抑了太多在內心深處，擔心害怕周圍的朋友的眼光，所以帶著面具過生活。試著去說出真實的的想法跟心情，你才能變得自在輕鬆，朋友們才能真正的與你交心。」因為這些內容實在與我感受到的形象落差太大了，我一開始很猶豫到底要不要說，加上我們才第一次碰面，所以分享時我很緊張。

　　但是當我一分享出來，他聽到一半時，他的眼眶很快就紅了。他回應我，我說的內容都是他最真實的內心感受，因為他不會讓朋友看見這樣的自己，可是這是真實的他。他對於能夠看見這一塊的我，感到情緒很激動，所以紅了眼眶、流下了眼淚，因為他覺得周圍了解真正的他的人很少。

　　後來他才跟我分享他的職業是一位犯罪心理諮商師，他長期駐點在監獄中，經常要面對很多的罪犯，面對著很多非一般人的心智，長期面對著許多人性的黑暗陰影面，然後分享了很多他的故事，在最後結束的時候，他給了我一個很大的擁抱跟

我道謝。在這一次的個案裡，我感觸好深，完全陌生的人，真的因為我的掃描資訊與 SSR 療癒而被觸動到，而且真的有很多人需要療癒師們的協助，幫助他們看見真相，幫助他們重新看見自己，因為這些種種的反饋與收穫，給予了我更多的力量在這條路上繼續學習。

因為這個課程的畢業門檻是 30 位畢業個案，於是我在課程的後期階段開始搜集著我的畢業個案，同時也繼續完成後面第六到第七面向的學習。在 SSR 的課程中，每一個面向開始前，都會有一場那一個面向的點化，一場點化的時間通常都在一個小時前後，所以需要很放鬆的在點化的流動裡。到了這個後期時，我開始已經能夠更進入狀態了，而在這一次點化中，更是影響我後來的一切。

那次點化的感覺非常地舒服，大概是有史以來最舒服的一次，過程中我很明顯的感受到自己的身體一直在晃動跟上下擺動，有一種瞬間被帶到外太空宇宙的感覺，過程都很平靜很快樂。突然間，開始從在宇宙的狀態一直被快速地往上帶，就像坐在時光機裡，不斷往更上面的次元穿梭的感覺，彩色的光線

一直從我旁邊一直快速地閃過，我感覺到整個身體往後倒到不行，直到停在一個充滿平靜喜悅淡白淡黃的光之場域。

當時我覺知到這邊的頻率很像非常非常地高，高到快要無法維持意識，而且有一種身體快要沒有呼吸的感覺，同時又有一種整個自己在一直無限擴展、擴張的感受。我覺察到下意識的我正在試著不讓自己失控，但是這股力量似乎在帶領我，並告訴著我臣服。於是我更放鬆自己，放下最後那微妙的拉扯念想，允許這股力量的帶領，接著我彷彿正式進入了那個維度，沒有任何的不適應，應該說，我也沒有感覺到我的身體了。

當我逐漸恢復專注時，我發現這裡沒有任何相，只有無邊無際很明亮的光場，很舒服、柔軟、平靜，又充滿喜悅、無比強大、很神聖的光。接著我瞬間意識到，原來現在的這個光場就是我，真正的我，但同時又是萬有一切的源頭之光，所有的一切都在祂的照耀下。也就是說所有的一切又都是我，完全跨越了分別的概念，在當下若出現任何分別的念想都是一種很不對勁的感覺，只要有一點點，都感覺是在與這股能量脫節，非常難以形容。接著浮現了一聲「歡迎回來」，然後感受極度安

詳的平靜，就在那邊非常感動、喜悅地停留到點化結束。

這是一個前所未有的感受，也從沒經驗過的一個頻率，因為這已經不是內在視覺看到光或顏色的感覺，而是一種擴展到無邊無際，有我又沒有我的感覺，每每想起都非常難以形容。結束後，回到當下時，我睜開眼睛，我充滿著無限的喜悅，一種法喜充滿的感受，由內而外充滿著幸福與愛的感覺。看著眼前的同學跟老師，雖然肉眼看上去每個人都是不同的，但是在那一刻我感受到的卻是每個人跟這個場域的所有能量就是剛剛的那個光場。在我當下的感受是，我們都是與那光相同的振動，看見了他們就像是看見了我自己，我就是他們，他們就是我。我們一直以來就是那不可思議的光，而那個光就是我們，我們都從那光顯化而來，從那一刻開始，我的內在彷彿被升級更新了，就像脫胎換骨一般的全新狀態。

點化完隔天，我們有一場體驗會，在會前大家一起吃飯的時候，老師帶了一些藏密的咒輪要送我們，老師讓我們用抽的。當輪到我的時候，我閉著眼睛伸手去感受每一個咒輪的能量，當我的手經過某一個咒輪的時候，我感受到了昨天點化時的那

個光，淡白淡黃的顏色、很輕、很舒服，但又擁有強大無比的力量的光，於是我伸手拿了起來看了一下上面的本尊，發現了這個咒輪上面的顏色也是淡黃色。問老師這一尊是誰，才知道原來現在與我結緣的這個咒輪就是「釋迦牟尼佛」，而在老師帶來的咒輪中只有這一尊是佛，當下我覺得無比的殊勝，彷彿針對昨天點化所感受到的能量感給了一個方向與明燈。

接著非常不可思議的是，我開始跟佛法的緣分變深了，出現了太多、太多不可思議的共時性事件，多到難以計數，每每發生的當下，在身旁的朋友都看得目瞪口呆。最誇張的一次是，因為感覺到跟佛法的緣變得非常明顯，所以我決定想挑本經書來學習，當時我對於六祖慧能法師曾經說過的兩段話有感覺。

第一段是：

菩提本無樹

明鏡亦非台

本來無一物

何處惹塵埃

《六祖大師法寶壇經》

第二段是：

何期自性本自清淨

何期自性本不生滅

何期自性本自具足

何期自性本無動搖

何期自性能生萬法

《六祖大師法寶壇經》

　　這兩段話當時很觸動到我，也剛好在 SSR 學習的後期很能體悟，於是那天早上搭捷運要出發去做個案時，我在捷運上搜尋著六祖慧能法師，想要找跟他有關的一本經書來讀。

　　但我跟佛教與祂的經典很不熟，所以找得很霧煞煞，連祂有過幾本經書，或是祂的經書名稱是什麼我都很不懂，隔了好久之後才知道「六祖大師法寶壇經」，是祂的經典，也有人稱「六祖壇經」、「六祖法寶壇經」。

　　但那天我就這樣矇著找，不知道是一時意會不過來還是什麼的，遲遲沒確定祂的經典是什麼，以及我應該要唸什麼。就這樣一直找，到我出捷運時，找了家便利商店坐著，想在個案

前先吃個早餐邊找經典的時候，突然我座位的前方出現了一位媽媽。

　　她拿著一本很大的書，大到讓我覺得有點太誇張，書裡面的字也很大，看起來是文言文，她把書蓋起來放在桌上，就離開位置去拿她的餐點了，然後書皮寫著大大的「妙法蓮華經」。我的直覺是好像是佛經，於是我就偷拍了那本書的封面，傳給了有在學習佛法跟分享佛法的朋友，問她說這一本是佛經嗎？我朋友剛好有讀到訊息，馬上回我，她說：「對呀，是釋迦牟尼佛在世所說的最後一本經典，在講的是成佛之本，我這邊剛好有一本小的，你要不要？」我馬上很歡喜地說我要！因為實在是太剛好了，我剛剛才發出意念要求一本經典時，祂就出現了，而且當天個案結束後我就拿到了！實在是太不可思議了！

　　另一個很有趣的是，後來這一位媽媽拿了她的餐點回來後，就拿著法華經去坐別的位置了，彷彿就是為了讓我瞥見一眼這本法華經而安排的緣分。當晚，我很開心地開始閱讀了法華經，沒想到我一看就看了六個小時。而且在看得過程中精神還越來越好，看得很忘我，很像在看故事一樣，突然間好像都能看得

明白經典裡的內容。雖然沒有佛學的底子，也看不懂那些專業用語，但就是看得很喜悅，而且不知不覺看到一直在哭，眼淚直流，覺得被觸動到靈魂的內心深處，看得很感動。

就這樣一直看到早上快五點的時候，我才強迫自己闔上休息，這是以前的我絕對不可能做到的。因為從小我就不愛看文言文，看我的文筆就知道，我比較喜歡白話的內容，更別說想看佛經，比孔孟思想、論語還更難閱讀！但是就這樣我改變了，我能開始聽經與念經，而且看不同經典的時候，都還覺得內容很精彩的感覺。

因為開始有了一些個案經驗以及經驗到那次點化後，我變得很不一樣。我自己很清楚地知曉「我」改變了，我每天都在一個平靜喜悅的狀態，非常自在地在看待著生活中的一切。彷彿有了全新的眼睛在看這個世界，看到所有的人事物都很開心，就算有些過去會讓我不愉快的事情發生，都非常淡然處之，不會受到影響。

有一次在咖啡廳，我跟朋友在聊天，桌上擺了我們的飲料，突然我的熱奶茶一個碰到，就灑了我的半邊褲子與左腳。朋友

非常地緊張，擔心我有沒有燙到或是怎麼樣的，但我還是非常自然地繼續聊天，笑著說沒事，很自在平靜地拿著衛生紙擦拭，心情完全沒受影響。朋友睜著大大的眼睛問我，為什麼我可以好像一直都很平靜的感覺。我說我不知道耶，但就是覺得沒有被這些事情干擾到。過去的我一定就會很緊張，因為我是一個還算滿愛乾淨的人，會急著想擦乾淨，擔心有味道，擔心鞋子毀了等等的，但現在真的就不太會上心了。

　　還有從另一個點上，可以非常地看出來內在的轉化。我是一個從小就很不喜歡昆蟲的人，家裡若有螞蟻、蟑螂、或昆蟲，我會非常受不了，以前會想要立刻除掉，拿殺蟲劑或是什麼的攻擊牠們。有一天，當我回到家，開門的時候，我突然發現家裡的門口地上有一隻蟲。當下，我內在突然感受到一個劇烈的衝擊，我看見了過去的我從右邊衝撞了上來，我整個內在大晃了一下，彷彿被某一個巨大的力量撞擊！

　　這是一瞬間的事情，但我的外在還是很平靜地看著前面這隻蟲，以及內觀著衝撞上來的自己，那是我過去的習氣、過去的自己。接著我開口了，我跟我的室友說：「有一隻蟲耶，好

像有些考驗要來了。」因為我所住的地方，住了快要一年，從來沒有看過蟲在家裏，怎麼會突然在這個時候出現。我看著這隻蟲，很快地一個聲音閃過腦海「我們都只是在這顆地球上的生命，我們沒有什麼不同，我們並不會因為外型不一樣就有價值的分別，而且這個地方也不是屬於我的，我沒有權利決定你是否該存在在這裏。」

在那一瞬間，即使是我過去很不喜歡的昆蟲，我還是充滿著喜悅平靜跟愛的狀態在那個當下，一種很自然而然地慈悲心生起，我反而更靠近地去看牠長什麼樣子。雖然可以感受到內心曾經對蟲的恐懼、不舒服，但也出現了一種欣賞牠生命的心情，甚至會覺得其實牠也是很可愛的。最後我用紙接起了那隻蟲，將牠送到門外，原因是我曾經答應過房東，要好好照顧她的房子。我不曉得我有沒有辦法每次都像這次的狀態一樣安定，但那一次的經驗後，我更確認了自己不一樣了，因為那一切的發生與心情都是如此的自然。

而且這樣的狀態一直持續到了現在，雖然中間對於這個狀態所接受到的考驗越來越多，也因為接觸到的身心靈與宗教領

域越來越多，剛好有機會讓我不斷地重新檢視與反思自己的狀態，以及去驗證自己所領悟到的與所改變的面向，是否真如我所想的，不再容易起執著與掛心了呢？是否真的平靜了呢？是否打從心底覺得自由了呢？是否不太容易再為某些事情生氣或難過了呢？……對我來說彷彿每天都進入了自我修行的狀態，每天不斷地內觀自己所有的起心動念，不斷地調整自己，不斷地挑戰自己，不斷地解惑自己，持續學習放下我執，在生活裡修行，將 SSR 的練習當成自己每日練習的功課。

我轉化的過程，是沒有經過任何心理諮商、信念系統的調整，或催眠所造成的結果。當時我也不曉得 SSR 的緣起、脈絡、細節，而是在與 All Love 大愛之源與 SSR 能量流合作與練習過程裡，不斷產生自發性變化。大部分的學習過程中，我們幾乎沒有任何知識面或是理論面的理解，是非常沈浸式體驗的學習，純粹地與能量流共振與合作著，卻帶給了我根本上的蛻變。

在唸碩士期間，知道一些心理學家透過實驗法在觀察人的行為、習慣、個性、反應、心智狀態等等，並從實驗結果發出一些學說、假說、理論，現在日常生活中經常聽到的一個觀念

「一個習慣的養成需要 90 天」，就是一個很好的例子，更別說養成一個信念了。

信念的養成與轉變需要更長期的環境、教育與練習，特別是這一些練習裡的方法，許多都是透過理性腦袋所給予的指令去前進，並在過程中試著跟隨著一些 SOP 的規範以及自律的教育思維，幫助我們養成新的觀念或新的習慣。但是我們的心真的有跟上這樣的結果與期待嗎？真心喜歡這樣的信念嗎？還是我們又用了別的方式在制約自己？永遠在創造另一個錨點去定位自己的狀態？

透過這種系統性地制約練習，就像是在催眠自己進入一個自己創造的秩序裡，如同進入一個自己創造出來的高塔裡，在裡面去過著自己想要的世界。而整個過程中完全沒有去探索過是否與自己的本質、天賦、個性有多少衝突，盲目地跟隨著腦袋認為的「對的價值觀」去形塑自己，直到承受不了。如同我當時去找我老師做個案一樣，這些被忽略的本質能量，開始在我們的內心產生許多矛盾、困惑、衝突，一點一滴的累積無形的壓力與情緒，從內在啃食著自己並帶著這些混亂的能量做出

許多生活中的選擇與行動。

最後將自己困住了，在人生中迷惘了，而且還理性地覺得自己並沒有什麼狀況，說服著自己只是不知道如何在這個事件與階段上做選擇。到了這個階段，我們不僅僅是要再多去梳理、釐清、解決這個被後天制約出來的信念系統所造成的問題，還要花更多時間與心力去放下那些在根本上有誤的信念系統，就如同在戒毒、戒癮一般。而我剛剛所說的這一切，都還在處理心智層面的混亂，實際上我們出狀況的層面是遠大過於心智面的，還有更多的層面被影響著，像是我們的七大能量體與肉體，這些過程在這些能量體上所延伸的問題，都要再被探索出來去進行療癒。

在這趟學習中，我看見我的轉變是非常自然而然發生的，甚至完全不曉得為什麼會有這些轉變，不只是從心智面、信念面獲得了很大的療癒與更新，還有更多層面的變化不斷發生。這讓我感到非常不可思議，也是為什麼我會認同也願意稱 SSR 療癒是靈魂療癒的原因，認為踏上 SSR 的學習就是靈魂轉化的起點的一種方法。

靈魂轉變的關鍵

在學習 SSR 的過程裡，我們會透過 All Love 大愛之源與 SSR 能量流，療癒我們的七大脈輪、七大能量體，以及肉體。進而去碰觸到我們靈魂深度的層面，超越理性、感性、邏輯、小我心智、信念系統、社會框架等等的因素，滲透並觸及到我們最本質的靈魂振動頻率。並藉此得以還原我們，帶領我們穿越此生課題，進而穿越靈魂課題，幫我們剝落一切外在虛假的武裝、不屬於我們本質的能量，協助我們看見在這一生的表象底下，我們存在的本質究竟為何。

為什麼在我身上會發現這樣的轉化？我事後才開始回溯這趟學習之旅，反思我做的練習，以及我課程中的經歷，去找更多相關的療癒知識，像是脈輪與能量體的學問，何謂臼井靈氣，到底什麼是 SSR，SSR 的緣起與脈絡為何。我終於開始明白了上課學到的內容是什麼，以及為什麼這些幫助會發生，也可以開始明白這過程中的一切。

　　對我而言，這整趟學習就是一個後證之旅，而我就是一個在未知情況下，純粹地從 All Love 與 SSR 的能量流裡蛻變的驗證。這在 SSR 系統裡兩位重要的源頭老師 Patrick 和 Diane 身上也發生了類似的經驗，當我看到這些資料時，我震驚不已，也明白了為何 SSR 系統會是如此的傳承，而每位 SSR 老師的風格又是如此的獨特。在這一章節，我列出幾個關鍵歷程：點化、掃描、脈輪療癒、能量體療癒、畢業個案帶來的力量，這些都是我蛻變的節點，希望藉此幫助大家更認識「我所知道的 SSR」。

1、點化（Initiation / Attunement）

在前面的段落，我分享過我最後一次的點化經驗，我發現點化是整趟轉化旅程中很至關重要又很精華的一個環節。SSR 的縮寫是 Sekhem、Seichim、Reiki，其中 Reiki 就是日本的臼井靈氣系統，臼井靈氣的脈絡裡有一個很重要的儀式叫做點化。

這是一個非常古老的技法，相關觀念甚至可以追溯至亞特蘭提斯時期，在許多宗教與靈性學習中，都有類似的儀式。因此在 SSR 裏面也有這樣的傳承，透過七個面向的點化，接受導師從 All Love 與 SSR 接引下來的能量，去啟動接收者的能量體，讓更多能量得以進入，幫助接受者成為一個更好的能量存在。

這個過程，當接收者越開放，越願意進入這個流動，所帶來的影響與幫助就會越大。一經點化，我們身上的能量管道就會打開，而且終生受用。藉由多加練習我們自身這個管道，我們承載能量的管徑也會越來越寬，進而承載更多的能量，優化我們與地球及源頭的連結與能量流動，漸漸地強化我們的肉體以及各個能量體。經歷這個過程，同時也會帶來一種內在靈性的甦醒，喚醒我們本來具有的能量本質，進而喚醒自我療癒的

力量。

在點化過後，會有個非常重要的階段發生，叫做「淨化期」。因為點化過後，我們的身體及能量體會產生更快的振動頻率，也就是說不單純只是打開我們的管道，也是經歷一次非常大的共振與調頻，因此某些固濁的能量、能量淤塞、低頻的模式會被大量的鬆動、脫落，就如同高速震動洗衣機一般，會將許多多髒污振盪出來。

因此你生命中很多阻礙你無法自由流動的能量，與其所挾帶的議題也會更加鮮明的出現。而淨化期會持續的時間，依照臼井靈氣的內容，會有 21 天的清理、淨化與釋放，但在 SSR 課程中，實際上我們看到的是，每一個面向的淨化期長短不一，有人非常快，有人則可能持續一年都還沒走完。原因是，你有沒有願意打從內心去面對與穿越這些被釋放出來的能量與課題。

點化對每個人的影響，因人而異，就如同我經常分享給學生的一個觀念，我們每個人的頻率都很不同，也因為如此，我們才在性格、長相、思維與心智……等等有不同的顯化，對相

同的生命事件也可能有著不同的原生反應。所以被點化時，你整體狀態越好，穩定度越高，自我覺知力越好，你可能會有很大的靈性進展。但就算你是從未接觸過能量學習的人，在初次點化後，也會有很大的開展，因為這就是點化的作用，會以許多能量層面的運作，無形中協助我們與靈魂、大愛及源頭校準。

而我們也不用擔心點化下來的能量會不會承受不了，因為對應著你的頻率，下來的能量也會是在你的負荷範圍。SSR 這三股能量有自己的神聖意志，總是會恰如其分地給予現在能夠承接的，你的管徑能被擴展至多少，就只能承載多少，不會有過度填塞的情況。

在我的經驗裡，這七個面向的點化，佔了舉足輕重的角色。雖然中前期開始上課的時候，在每一次點化時，我都覺得是可以睡覺或是休息的時刻，前幾次點化完也沒有特別明顯的感受。但每一次結束都覺得變得比較輕鬆、輕盈，有一種好像暫時放下了很多煩惱的感覺，享受到內心的平靜。也確實每一次上課，無形中都有更進入狀況的感覺，雖然前期不是太明顯，但就這樣默默地積累了這些能量，在後期為我帶來了很大的變化。

2、掃描（Scanning）

　　這應該是與一般能量療癒系統最不同的地方了吧！我們的每一堂課都會大量練習這個技能，這可以強化我們對物質界以外的世界的覺知，每當我們掃描有所相應時，就越放下一些自我的框架，更相信有超然的力量在指引著我們。我們人體的感知力是遠大過於我們表層認知的，稍後在脈輪與能量體的內容裡，會有更多的說明。但簡單地說，我們可以透過我們的外在感知與內在感知，去覺知目標對象的脈輪與能量體狀態，而掃描的方法非常多種，像是靈視、體感、超聽覺、超嗅覺、超味覺、超觸覺、超感知、直覺、情緒共感等等，來幫助療癒師獲得需要的資訊。

　　你會有什麼樣的天賦，非常因人而異，而隨著練習變多，經驗變多，與自我修行的程度，不同的掃描能力也會逐漸顯化。聽起來雖然很玄，但是在後面脈輪與能量體的內容裡，會知道原來這是我們本來就有的能力，而這也不是特異功能，這只是回歸本質後會發生的自然現象。

　　當我們藉由這樣的練習，我們會逐漸整理出屬於自己的「經

驗資料庫」，透過這個資料庫，讓我們有能力讀取這些被感知到的能量線索背後的意義與意識流，進而知道這場療癒該從何處開始。當我們要運用這個能力時，我們先必須盡量全然地進入 SSR 的能量流動裡，並放下控制，讓 SSR 的神聖流動帶領我們去覺知此時此刻需要知道的資訊，不然我們的掃描裡很容易帶著我們的預設立場、信念框架與自我投射，或是其他過多的雜訊。這個練習在我一開始是特別不擅長的，這來自於我長期抗拒我的靈性天賦，並已經習慣用理性腦袋所建立的邏輯框架來解讀我面前的情況，要讓這個能力發揮得好，就是要夠放鬆、夠定、夠純粹、夠開放，如此一來，我們就越能知道表象下的真實情況為何。

一開始在課堂上，同學們之間互相練習時，常常會有不同的掃描訊息跑出來。我其實很質疑被掃描出來的內容，也不太敢發表我所觀察到的，但是當發現大家都越來越不約而同的覺知到類似的內容時，我就很難再去懷疑這個現況了。這對我放下框架與心房的幫助很大，我受過的教育與職場訓練，經常要

去質疑某些狀態，以利獲得最正確的結果。而在這樣非常體驗式的學習裡，透過大家的交叉比對，會逐漸看見一些共時性與相應的情況，對我來說特別有幫助。後來的我特別喜歡課堂中的這一部分，這個練習讓我逐漸掌握過去困擾我的能力，並有信心再次使用它。

3、脈輪療癒（Chakra）

脈輪在 SSR 學習中，是一個很重要的核心內容，療癒過程中，幾乎都是在透過脈輪先獲得第一手資訊，這裡面的關係及狀態，涵蓋著許多個案的真實情況。脈輪的原始字意指的就是輪子或圓盤，也隱喻著太陽，也代表了天體的秩序與平衡。在我們人體向上、與向下的能量流中，穿梭交會出我們常聽到的七大脈輪，因此脈輪又可稱為我們身上的七大能量中心，每個脈輪都有特殊的對應範疇、身體的部位與器官，並且脈輪間也彼此息息相關。

我發現 SSR 帶領著我自我療癒、他療以及教導學生時，我逐漸可以感受到脈輪能量的變化，並有能力以能量療癒的方式

去與脈輪做互動。而我也發現脈輪與我們的內在意識有很密切的連結，我們與宇宙的互動、與世界的互動、與我們自己的互動，都會顯化在脈輪上。我自己在課程中發現到，每堂課的學習一定都跟脈輪緊緊相關，雖然我們上課時沒有特別鑽研脈輪的知識理論與探討，但我們會藉由大量脈輪能量掃描的練習，以直接實際體會的方式去學習，去知道脈輪的狀態，是開放的、封閉的、固濁的，還是過度活躍的等等現象。加上其他的掃描資訊，讓我們可以意識到現階段的一些盲點，也可以去看見對應到的現實狀態，瞭解自己為何會處在某些困境裡，再透過 SSR 的療癒力量，幫助我們釋放掉許多老舊模式，也讓我們的身心獲得深度的休息與充電，很自然而然地，所有的變化都在無形中展開。

我自己對脈輪的體驗加上脈輪知識的學習，讓我知道脈輪很像我們能量身體的發送器、接受器與感受器。透過脈輪，我們送出能量到外界，同時也接收來自外界的能量，藉由這個交換，讓我們可以感受到何謂生命。脈輪的學習與療癒，讓我們每個人可以與抽象能量層面的自己更為連結。在日常生活久了，

我們有時候會過於專注在物質層面的一切，無論生活過的好或不好，如果不去瞭解自己的能量狀態，可能都無法看見自己被困在何種模式中。

　　脈輪中存在著我們如何反應這個宇宙萬物包含對自己的經驗模式，這些模式經由日復一日的行為累積，有時候會造成脈輪卡住的問題。卡住的意思是脈輪過度發展、發展不足、不流動、扭曲、破洞，或是有一些能量毒素與淤塞在其中，這狀況就很像脈輪生病了。而這都會讓我們可能被困在某個脈輪裡所帶來的課題循環或是業力循環，導致抗拒某些層面與外界的交流運作，久了也會變得不容易被改變，進而影響其他脈輪的運作，然後整個身體的能量就無法流暢的運行著。

　　因此脈輪的療癒變得極為重要，需要將阻礙脈輪運轉的能量疏通掉，並把原因找出來加以排除。而 SSR 在這一方面給予了很大的支持，透過 SSR 清理脈輪，去除無法服務於我們的老舊模式，可以為我們執著的行為帶來一些正面的影響，讓我們跳脫自己創造的業力循環，得以擴展到更自由的層面。

　　SSR 當中的 R 就是靈氣，靈氣本身就在這一塊給予療癒強大的支持，祂之所以能為我們帶來這樣的療癒力量是因為靈氣是宇宙生命能。我們每個人與生俱來就有這樣的能量，透過我們的生命能量能夠影響生物能量場，有許多研究已經發現在生物體裡的電流，會讓我們的外在創造一個生物能量場，而在生物能量場當中就存在著我們的脈輪，透過靈氣的傳送，能夠幫助脈輪更順利地運作。

　　除此之外，前面提到脈輪與我們內在的意識系統息息相關，進而影響我們的行動。想法與行動，必須當作一個整體來看待，意思就是身心的整體狀態，我們怎麼想，就會影響到我們的脈輪變化，而我們如何運作我們的身體，我們的脈輪也會產生變化，是非常密不可分的。當我們面對生活許多不同面向的事件時，我們開始作出反應後，各個脈輪能量就會開始顯化在我們的反應裡，所以在進行脈輪的療癒與清理時，我們都會看見更多的自己，以及我們慣性的模式。

　　七大脈輪與我們的一切息息相關，而且脈輪的學習是一輩子的事情，有許多修行人終其一生都在修煉自己的脈輪，讓脈

輪健康穩定地發展，並希望藉此啟動拙火（昆達里尼），帶領自己向上開悟、揚升。當我們越能夠去體會與領悟每個脈輪的能量狀態，並讓自己接受需要的療癒，我們都能夠逐漸地煥然一新，記住我說的是體會與領悟，不是知識上的學習。因為在最早以前，脈輪的學習與瑜伽修行密不可分，是非常實作的，而我自己所在這趟學習之旅觀察到的，就是在 SSR 的流動裡，我們每天都會練習脈輪的自我療癒，同時不斷地內觀與覺察自己的所有起心動念，無形中就會開始釋放掉許多固濁的能量，以及不斷提升了自己的振動與整體能量的順暢度，即使表意識還沒覺察到，但在過程裡，每分每秒我們都變得非常不一樣。

在這裡我簡單地分享一些我對脈輪的認識與脈輪跟我們的關係是什麼？會如何影響我們的生活？也會試著以我自己在這段歷程中藉由 SSR 療癒脈輪所獲得的幫助，還有觀察到一些個案在脈輪課題上的經驗，希望幫助讀者能更容易理解，因為如果真要論脈輪，其實一個脈輪就足以寫上一整本書去好好探究。

圖 1 脈輪示意圖

海底輪（Muladhara）

是我們的第一脈輪，顏色為紅色，對應到我們脊柱底部、
男生的性器、會陰、腎上腺、整體肉體健康以及土元素，與我
們的生存課題、恐懼、身體認同等息息相關，也與我們的本能
相關。就如同野外動物會很自然而然地為自己的生存，去本能
性地尋找需要的養分與資源，幫助牠們可以安身，所有與生存
有關的延伸課題都與這個脈輪有著強烈的連結。

我自己從小到大就特別有這個感觸，我從小的家境不是很好，可以看見父母為了養活這個家，養活我們四個小孩，每天都帶著許多的恐懼在與社會互動，也與家人互動。而我們四個小孩每天都在承載著這樣的能量，為我們帶來許多的壓力，嚴重影響家裡的和諧氣氛，每天的大部分時間，都充滿著衝突的氛圍。也讓我成長過程中，無形間都會特別關注在生存的課題上，造就了生活上許多的選擇與行動的動機都建立在這個生存的恐懼感。

　　這樣的恐懼，大家不要會錯意，其實不是個負面的詞彙。有時候恐懼是一種禮物，它幫助我們能夠避開危險，使我們安全，但在還無法意識到這一點的時候，經常都是以從小到大的陰影或創傷儲存在我們的記憶中，用它當作怨嘆人世的藉口。

　　我記得當我們都還小的時候，從小就在賺錢幫忙家裡還債，還到我們四個小孩都曾經感到絕望地對父母以死相逼。認為或許我們一起離開人世，一切都會輕鬆一點，我們不用卡在這無止盡的痛苦深淵。當時我們認為這個家已經山窮水盡了，完全不曉得該怎麼做會更好了，所有的努力都彷彿丟在水裡一般，

永遠活在無奈與無力深淵,永遠填不滿家庭負債的缺口,也感覺永遠都會再出現下一顆負債未爆彈。

我在 SSR 的學習裡,自發性地看見了這樣的原生家庭為我帶來的恩典,若沒有這樣的背景,或許我許多的潛能都無法顯化出來,也不曉得自己能夠創造出什麼樣的生活。我記得在學習 SSR 後期,那次特別點化的經驗之後,進入到畢業個案的搜集期間,突然有天早上起床,我刷著牙,看著鏡子中的自己,一股能量湧上來,突然在眉心輪裡的內在視覺中,看見人生的跑馬燈從小開始播放到現在,那一瞬間我了悟了一切的發生。而在原生家庭創傷陰影這塊,從過去對家境與父母的許多強烈負面情感、嚴厲的批判瞬間被轉化成純粹的愛,對我的家庭充滿了無限的感恩,對父母親的負面情感一瞬間昇華成愛,除了愛沒有別的了。接著我開始一直不停地流淚,在那一刻,我解惑了、釋放了、被療癒了,原來過去這些經驗都是我這朵生命之花能夠綻放的養分,也是我需要的養分。沒有這樣的背景,我無法一直努力突破自己,無法去思考對的人生問題,無法從這當中覺醒。

直到現在我的家庭並沒有改變，問題也沒改變，父母也沒改變，但是我卻每天充滿著愛地看待我的家人們，也因為那天我的釋放，在這幾年中，我發現我的家庭狀況也默默的越來越好了，無形中鬆動了家族的業力，關係變得比較和諧，而父母的問題也即將被解決，四個小孩都有安虞的生活。

在這個事件發生前，我並沒有特別要去碰觸原生家庭的問題，課堂中，也從來沒有去討論過我這一面向。或許我隱藏得很好，因為對我而言，我們家的小孩已經曾經盡力地去解決過這些問題了，但發現難以改變些什麼，最後呈現半放棄狀態。過去的我只要一想到這件事，我會立刻沈默進入無止盡的無奈與無力的黑洞裡，開心的情緒對我來說是個奢侈品，我沒想過我還能夠有由衷開心的一天。所以我每天都努力地不去碰觸這個課題，也沒有想要再去花什麼心力解決這個問題，而是盡力讓自己不要想起來，但心中其實都還是隱藏著所有的哀傷、委屈、不滿與不安。

沒想到，我意外地在這趟旅程裡，在這個人生痛苦的卡點上獲得了這充滿祝福的愛與療癒，曾有家排師聽到我的故事，她說沒想到我就在刷牙的瞬間完成了一個家排，而且還獲得了

這麼大的轉化。因為這是一個非常根深蒂固的生命課題，沒有長期去碰觸與陪伴這個議題，是很難如此從根本上獲得轉化的。

即使我獲得了療癒，我在每天都還是可以看得到這樣的生存經驗為我帶來的恐懼習氣，這就是我前面說的經驗模式，它不會一瞬間消失。因為我已經依靠著這樣的模式從小生活到現在，也曾經藉由恐懼的力量獲得了開創某些機會的勇氣。但現在我有能力清楚地看見這些習氣的出現，讓我可以放下恐懼、放下習氣，以更有智慧地方式去認識恐懼的真正價值，以嶄新的自己重新獲得了選擇的力量，跳脫那個循環。而這股力量不再是根基於任何著力點，而是純粹的油然而生，以全新的狀態向上揚升。

 臍輪（Swadhisthana）

是我們的第二脈輪，顏色為橙色，對應到我們的下腹部、女生的性器、子宮、腎臟、薦骨、水元素，與我們的慾望、性慾、情緒、享樂、罪惡感、刺激感、親密關係、情感歸屬、母親息

息相關。第二脈輪是一個非常複雜的脈輪，有很多人在這個脈輪課題上經常是失衡的，它涉及到了所有與你有親密關係的人事物，以及所帶來的所有喜怒哀樂、慾望、性慾等等的一切。

在海底輪的生存課題過去後，我們開始會尋求親密關係的歸屬感與尋求物質生活帶來的情緒滿足。我曾經遇過深受臍輪課題影響的個案，前幾年我去德國找朋友玩，在那邊度過了聖誕與新年，因緣際會下也認識了幾位朋友的朋友。有一晚我們在家裡閒聊，他們的一位美國女性友人也一起來聚會，在朋友的介紹下剛好聊到我在靈性領域涉略的內容，有在教課與做療癒。這位女性朋友是一個很熱情、開放、大剌剌的女生，我們在德國時有一起去唱過歌，她很好相處，而且也很善解人意。她很好奇 SSR 療癒是什麼，於是我當下帶她進行了一些簡單的體驗。

在那個過程中，我很明顯的感覺到在後臍輪的地方，有一些黑黑濁濁的能量，而且同時感知到了路西法的能量殘留，在我的經驗而言，通常個案過去可能會有一些癮頭類的問題。因為又是與黑色及路西法有關，通常又會有點反社會性格，或是

透過一些罪惡性行為在獲得一些刺激與歡愉。因為這個個案是臨時起意進行的，因此我沒有想再更深入的去碰觸這塊能量或進行太深度的療癒，以避免破壞了宇宙平衡法則的流動。

在事後交流時，我跟她分享了後臍輪特別讓我有印象，而且有一些能量感需要被調理，並分享了一些我對臍輪的觀點以及掃描到的資訊。她對我的分享很有感，她才跟我們大家說，在她成長的環境裡，她跟家人的關係不是太好，特別是家中的女性長輩。我有點不太記得是她的阿姨還是媽媽，但在小時候，她有經過比較暴力的管教環境，這讓她曾經一度極為叛逆。當她有能力的時候，她都盡可能地離開家裡，並且與朋友們做了很多壞事，並在當中尋求刺激、爽感，這些壞事是會讓警察當街將她上銬的那種等級。通常在美國，這已經是非常嚴重的情況，她花了好久的時間，才把自己拉出那個不好的循環裡，決心振作向上，非常認真地工作，想盡辦法存錢來到德國念碩士。

跟她的互動中，我可以感覺到，有許多內在的面向還需要被看見、整理及療癒。雖然她已經振作起來了，但因為這樣的創傷跟成長背景如果在能量體上還有殘留現象，那代表還沒完

全度過那個課題。雖然當下我覺得她有能力去穿越，但似乎就差一個能幫助她痊癒的一個指引，就像先前我的家庭與我的關係一樣，在未真正獲得療癒前，面對那個課題總有點半放棄、逃避、不碰觸的狀態。

我們每一個人都很需要明白，為什麼我們的人生會有這樣的經歷，這到底與我們的靈魂有什麼關係，這絕對不是三言兩語地說著「此生的靈魂藍圖」就能輕易帶過的解釋，而是有更深的意涵在這背後運行著。我深刻地經歷過並覺醒了過來，我很明白這後面帶著巨大的意義，很需要我們去看見與瞭悟。

另一個很常見的臍輪失衡，我看到的是在愛情中的受害者情結，永遠追求著想要的親密關係、浪漫的愛情，總想著為什麼我得不到我的愛情，我遇不到適合的伴侶。實際上是自己不愛著自己，自我價值感低落，永遠都在向外尋求慰藉，透過索取他人的愛來滿足愛的匱乏。

這不是心理學，這是能量學，單用心理諮商的方式來協助效果是非常有限的，就如同唸書唸了一堆的理論，如果我們沒

有去體會到這些能量的真實運作，沒有去感受到那個頻率，很難重新校準自己在需要的平衡上。我觀察到社會上有許多人都在這塊特別的受苦，因為缺乏愛所帶來的情緒波動是非常大的，這會導致自我封閉，或是在情海上不斷地受波折，這需要在臍輪課題上做深度探索，以及瞭解內在小孩的整體狀態。甚至有時候除了追溯至童年，還會追溯到前世的業力課題，要追溯到前世，這還得看療癒師本身的境界與能力才能知曉。

在情緒能量的層級，有太多情況是混合在一起的狀態，透過追溯、能量療癒並搭配後面的諮商多管齊下，才慢慢看得到變化，學習重新愛惜自己，重新正視自己的價值，離開苦尋愛情的循環。

太陽神經叢（Manipura）

　　是我們的第三脈輪，顏色為黃色，對應到我們的腎上腺、胰臟、腹部、腸胃、火元素，與我們的意志力、真正的內在力量、熱情、自信、信心、自我認同、自我定義、自我價值、自尊等等有關。

　　當一個人對於自我的掌握度很高時，很清楚自己正在採取什麼行動，以及如何行使自己真正力量的人，外人會在過程中感受到他們強大的太陽神經叢在發光，感受到他們的堅定不易動搖。反之當有些人對於自己的定位一直是模糊的，對於自己能做到什麼也不清楚，很不敢呈現真實自己的人，在太陽神經叢上的能量通常都是有狀況的。另一個也會有狀況的是，太過強勢、固執、驕傲的人、不斷尋求認同或極度想對外證明自己的人，也可能過度使用太陽神經叢，而導致失衡。

　　太陽神經叢是我們非常需要去釐清的一個能量中心，因為它跟「我是誰」的面向緊扣在一起。許多心理諮商師在協助個

案時，通常在這個課題上，都需要花上好幾年的時間，才有辦法幫助個案逐漸知道自己是誰，甚至我們有許多人一輩子都在搞懂這個問題。大家也可以試著去回想一下，你什麼時候會覺得有力量？當我們很清楚知道在做什麼的時候，是不是都會感到強大、堅定、有力量呢？這就是太陽神經叢，意志力能量很重要的一種顯化。

太陽神經叢，經常讓我想到天使塔羅裡面的 11 號牌－力量（有些塔羅的力量牌是在 8 號）。在天使塔羅裡，大天使 Ariel 坐在一隻威猛強大的老虎身上，並呈現出和諧的感受，這隻老虎就如同本能上的我們，是我們內在一種未被馴化的力量，讓我們有能力採取行動，給予我們動能。但是當我們不懂得運用的時候，有時反而創造更多的對立、批判、衝突、資源的爭奪，以及餵養自己的驕傲。可是如果我們願意向內在深度探索，並懂得運用意志力馴服這股本能時，我們內在就會和諧清明，真正掌握自己的力量要被運用在哪。

就像奧運選手一般，他們必須靠著自己堅定的意志力讓自己懂得自律，進而完成許多訓練、挑戰與比賽，靠著蠻力衝撞

並不會為他們帶來勝利，反而會讓他們遍體鱗傷。而在真正比賽的過程中，時時內在都要保持極度的清明、和諧，才容易在比賽中獲勝。網球王子這部日漫不曉得大家有沒有看過，那部日漫裡面就提到運動員會進入的「神の領域」，就是這樣的概念。

很多人經常錯認力量是一種極度陽剛、向外擴張的形象，但實際上是，力量也具有柔性的、陰性的，我們有時候都會知道某些情況需要以柔克剛。大天使 Ariel 在牌中以女性形象顯化，就是在提醒我們神聖陰性的力量，帶領我們學習力量中的陰陽平衡，當我們越掌握，就能越幫助自己。

從海底輪往上來到了太陽神經叢，克服了生存，穿越了關係與情緒。從過程中我們逐漸認識了自己，從兩個陰性元素「土、水」，本能與內在的層面，逐漸轉化到陽性元素「火」，帶領著自己發光，讓世界有機會看到自己，並從這個階段開始練習如何與世界和諧，但又活出自我。

我曾經見過太陽神經叢脈輪失衡的人，他們總是將自己武裝得很好，逼著自己去完成某些目標。通常在這樣狀態的人，自我意識都會很強，也比較聽不進去他人的聲音，也容易迷失

在目標與自己內在狀態的關係中，無法判斷什麼是真正的心之所向，還是只是野心、或是在滿足社會成就的集體期待值。這兩天才跟朋友聊到這個狀態，他分享著他曾經很清楚地以為完成某個國外的碩士學歷，是他很想要的人生里程碑，希望能夠擁有某個科系的海外學歷去投入未來想要的工作。但是當他真的走了這一遭，並完成那個學歷後，在後期卻不斷地發現，原來這只是他的野心，不是他真正的熱情。

而這個過程不僅耗盡了他所有的資源，還帶給他許多健康及心靈上的挑戰與磨練。在出國前，他曾經找我做過個案，我跟他說了這一趟會比較偏向靈性的學習成長，意思是這個旅程會是個歷練的過程，跟他的期待會有點出入，這個選項不一定適合他。但當時的他非常有動力地在完成每個環節，很有信心地覺得這是他要去做的事情，並對著未來抱著許多的美好期待。

最後這樣的結果形成了很大的落差，回國後他跟我說著，確實這一趟他真正的收穫是看見更多真正的自己，而並非那個學歷，而他以為他會想要的工作，其實也不是他想要的，繞了一圈後，終於明白了這件事情。

心輪（Anahata）

是我們的第四脈輪，顏色為綠色，對應到我們的心肺、循環系統、手臂、手、風元素，與我們的愛、接納、連結力、同理心、同情心、慈悲、呼吸、各類關係等等有關。心輪是我們七個脈輪中，最為強大的，可以將我們的共振放射出去，所有脈輪的活動能量，最後都會收進心輪裡，為我們帶來整體的平衡。

對我而言，心輪只能用最簡單的一個字「愛」來感受它與領悟它。因為「愛」本身就涵蓋了太多層面的一切，因為愛，我們得以連結萬物，得以同理一切，得以明白我們與萬物是一個整體，在我們一呼一吸之間，我們都不斷在與全宇宙做生命能量的交換。

當我們呼吸越為流暢，會發現身體越輕盈，心情也越愉悅，整體處於和諧放鬆的狀態。不僅是將所有脈輪的能量收至心中，也藉由與宇宙的交換，將來自宇宙的能量，再傳送至其他脈輪

以至全身，整合了由上而下的靈性能量與由下而上的物質能量，為我們帶來靈性與物質的結合，向內體驗到存在的狀態，感受到超越第三脈輪自我本位的擴展力量，經驗到更大的存在，臣服之心油然而生，平衡了自身與萬物的關係，達到了一種由裡到外的超然和諧。當我們願意回歸到內心的這個狀態時，就彷彿進到了寧靜的颱風眼，得以觀照到一切，包含觀照到自身。

我們經常可以發現，樂觀愉悅以及心態開放的人，他們的心輪通常都特別敞開，在他身邊也很容易被他的正能量感染。我覺得嬰兒寶寶都特別地充滿這股愛的能量，你可以感覺到純粹的光正在綻放，純真與單純會融化我們的心，這就是一種心輪互為共振的感受。可以觀察生活中類似這樣個性的人，是不是你也比較容易對他敞開心胸，喜歡跟他相處呢？這樣子頻率的狀態，光存在著就可以為環境帶來改變，為周圍的人帶來改變。

許多潛心修行的修行者，他們的心輪狀態都經常呈現出這種品質，身上都有很純粹的光，即使他們也有每日許多的事務要處理，但可以感覺到一種安心、和諧、簡單、很有親和力的

感受。而心輪也是所有人最多課題的地方，剛剛提到它代表著我們跟宇宙萬物連結與交換的能力，在這一來一往的交流中，許多問題也會開始浮現，而很多脈輪出狀況後，有時會也回連帶讓我們的心輪承載許多低頻的能量，進而鬱悶與封閉，或是難以靠近，感覺無法有真心的交流。

我從個案經驗中看見，對於情緒特別敏感的人，在心輪上通常都特別地受苦。因為同情與同理的心，經常會讓他們迷失在關係的互動裡，因為「愛」的本能加上個人的慾望執著，讓自己不斷產生錯誤的連接，最後將自己捆綁在許多能量與思想的枷鎖裡。持續積累著這些複雜的情緒能量在心中，導致心輪充滿著許多毒素，甚至出現脈輪破洞的情況，再更嚴重一點就是這一區塊的肉體層會直接生病。

因為情緒會觸發許多賀爾蒙系統的變化，內分泌會開始大亂，許多胸腔、心肺疾病也會連帶發生問題，我最常看到的延伸疾病都是肺腺癌、乳癌、婦科問題、心臟病或是胸腺有問題。

愛是一個很棒的禮物，但我們又時常在為愛受苦，它會集

結我們所有的層面，也讓我們有機會從我們的「苦」當中去學習。進而重新感覺到風的自由自在，帶領我們從第三脈輪的自我中心，逐漸轉向和諧、平衡的狀態，寫到這裡，大家應該已經可以發現，不管是在哪個脈輪的學習裡，我們總是會看到其他脈輪的連帶反應。雖然我們因為不同的能量中心在顯化著，但其實整個脈輪運作都還是一個整體，就如同我們與宇宙萬物是一個整體一般，而心輪就是幫助我們去意識到這一事實的能量。

當我們試著以小我的執著去阻斷、抗拒、不接納、或是過度去索取，我們就會無法讓自己消融在一體裡，破壞萬物本為一體且相互依存的事實。導致我們在自我接納的層面出問題，變得不愛自己，進而也影響了愛人的能力。如果我們「保留愛」就會創造「少接受到愛」的惡性循環，變得孤立、孤單，久而久之不僅與外在的連結崩壞，也會產生內在失衡，導致整體能量緊縮與不流動，最後心智與身體解離，活在違心的生活裡。

反之，當我們願意給予愛，我們就會收到宇宙回流更多的愛，透過「放下」取代「佔有」，讓一切人事物都能以自身的

獨特性自然發展，所有的療癒就得以發生。我們的內外在就會經驗到更多的完整性，處在豐盛、喜悅、平衡、和諧、幸福的頻率中，而 SSR 的能量在這塊非常具有這樣的品質。

喉輪（Vissudha）

是我們的第五脈輪，顏色為天藍色，對應到我們的甲狀腺、副甲狀腺、咽喉相關部位的神經系統、肩頸、耳鼻喉區塊、音元素，與我們的溝通、創造力、表達力等等有關。喉輪能量的彰顯與否，會影響到我們自己本身有沒有力量去顯化我們的想法、創意。

喉輪的能量所對應的溝通力，涵蓋的範圍不單純只是口語上的溝通，是包含所有形式的溝通，以及內在身體訊息連結傳遞與內在自我的溝通。透過聲音、振動、體內電流、各種形式的自我表達、我們創造的各種現象，來進行溝通，讓我們的意識得以延展至許多不同層面，進而創造了我們生命的存在。可以想像，當我們沒有了呼吸，沒有體內神經傳導的電流，我們將無法存活，或者是無法對這個世界有所反應，溝通是讓我們連結至全體的生命法則之一。

透過這樣能量的運用，讓我們超越了肉體層面能向外觸及

的一般限制，而且也大幅提高我們能與外圍共振的能力。音樂、歌曲、歌手是一個很好的例子，當張惠妹開始唱起一首新歌時，即使你沒聽過這首歌，但它的旋律、歌詞、歌手本身聲線的情感、歌手本身的故事，都會在無形中與你串起一個溝通網絡，讓創作者及歌手的意識透過音樂的形式傳遞給你。

當你頻率與之相近時，就會產生連結、共振，產生情緒，產生肉體的反應，可能你就成為這首歌的愛好者，進而成為歌手或作曲者的愛好者，進而出現了粉絲群或者形成了一個新的次文化群體，最後與整個大世界又連結在一起。

溝通讓我們能夠團結，能夠連結至一個更大的整體，向上拓展。下層脈輪讓我們透過限制、界線與具體性進行顯化，當我們走到喉輪時，是將我們上層脈輪與下層脈輪的能量綜合在一起，並以溝通的方式再次向外傳送或向內接收，進而形塑了我們的實相界，同時也創造了我們的未來。

喉輪是讓我們能更深刻體會到萬物皆在振動的真實狀態，海豚在海裡透過聲音去測量位置、連結同伴、互相理解、定位

巡航，甚至界定領地。大自然中還充滿了許多透過聲音、氣味在進行溝通的生物，就是因為萬物皆在振動裡。而聲音只是萬物皆蘊含的振波和力量，是要進入更精微能量世界的一個開始，當我們心靜下來的時候，其實我們會放大所有的感知，所感受到的頻率範圍也會變廣，聲音感覺會開始放大，五感都會被放大，念想也會被放大，最後你會開始與周圍的環境能量開始共振，進而與自然共振、與宇宙共振，達到一個和諧的狀態。

許多人在溝通上遇到了很多的問題，通常都是忘記了第一步「靜下來傾聽」，所以不管是向外連結溝通，向內連結溝通，重點都是要靜下來，去感受這純粹的振動，去聆聽紛擾底下的真實聲音，讓自己重新校準，才有辦法創造有效的溝通。

在我的經驗裡，喉輪狀態良好的人，他的話語都特別讓人容易聽得進去，也很擅長傾聽。並且很有能力將自己的所思所想分享出來，讓他人容易理解，他的話語中就容易帶著一種溫暖，共振他人的心，會很喜歡聽他說話，即使談話的內容沒有特別的主題，但對話中容易充滿著舒服的氛圍。而狀態卡住的人，會發現，他的表達力會產生極端的情況。一種是會話很多、

語速很快，想要一直讓別人聽他講話，想要說服別人。另一種就是非常不會表達自己，或是永遠詞不達意，讓雙方的溝通無法產生連結，雞同鴨講，每次這種對話發生時，不僅是當事人講完話會很累，連旁邊的人聽得都很累。

真正的溝通一定是進入雙方共振時，溝通才會產生，但是當我們都不願意靜下心來去明白對方話語背後的意識流動時，我們就很難去產生和諧的相處。

經常會陷入喉輪能量失衡的職業，像是老師、業務、顧問、歌手、諮商師、創作者、藝術家。等等大量會需要用到聲音、溝通技巧、需要創作的人，或是無法從心輪去發出真實聲音的人，喉輪的能量經常都會特別有狀況。

而在我自己身上，我對喉輪失衡這一塊有很深的感觸，在社會上與人溝通對我來說是不容易的，我的失衡是來自其他脈輪的影響，太陽神經叢的失衡，讓我無法呈現我自己。而在臍輪、心輪、眉心輪、頂輪的發達下，讓我同理心、同情心、情緒感受力與感知領悟力比一般人敏銳，想得比較廣，看事情習

慣看大局與細節，也比較能夠體會他人的心情。在這樣的比例下，讓我的表達常常無法與對方在同一個頻率上，我不知道我該從何處去建立起那個溝通模式，而在知識系統不足的情況下，也更難表達我想說的意思。從小我就特別覺察到這一個狀態，我無法很自在地運用我喉輪的能量去創造有效的溝通，花了許久的時間，經過公關、廣告及行銷等訓練，我才有辦法看見表達前的 SOP，運用適合我的模式好好表達我自己。

雖然這是一個辛苦的歷程，但是經過這個磨練，讓我成為了顧問、講師、甚至現在正在寫下這本書。有時候脈輪的失衡會對應到自己許多的課題，但有時候也是在協助我們獲得靈魂藍圖下需要的資源與配備，這需要花一點時間才能參悟到，原來人生很多的挑戰都是在為了更完整的自己所必經的優化過程。

整個世界包含這個社會，在喉輪能力的發展其實是快速的，但這個快速是過度發展導致混亂，還是強健穩定地發展創造穩定，就取決於接下來兩個脈輪的的能力是否發揮良好。不管是我們的媒體、科技或是網路都有著很強而有力的溝通力量，我

們需要好好自我成長與學習，跟上這一波能流，讓好的振動共振出去，創造良好的溝通環境，減少不必要的衝突紛擾，往和諧與和平更為靠近。

 ## 眉心輪（Ajna）

是我們的第六脈輪，顏色為靛藍色，對應到我們的松果體、雙眼、視神經、頸動脈相關部位的神經系統，對應光元素，連結我們的視力、靈視力、直覺力、想像力等等。這是一個許多人都充滿好奇的一個脈輪，因為人很習慣用眼睛去看世界，用眼睛去確認、定義事物，眼見為憑是從小到大根深蒂固的一個觀念。

眉心輪對應的元素是光，由此可知，它所涵蓋的範圍有多廣闊。因為有了光、有了我們的眼睛，我們看得見世界，看得見宇宙滿天的星星。即使相距我們好幾萬光年，可能那顆星體的物理層已不存在，但曾經產生的光都還在宇宙中傳送著，讓我們在地球都還得以看見。

生活裡，我們藉由光可以去辨認顏色、物品、環境，見自然表象，在太陽適度的光照下，萬物得以生長，植物藉由光合作用，完整地球的循環系統。事實上，我們受光的影響遠比我們認知得還要深遠，從醫學上各種不同光的波長所進行的運用，讓我們得以掃描到不同物理頻率的狀態，進而獲得相應的治療。藉由這個事實，我們可以知道，科學一直在試著觸及這偉大、不在肉眼範圍裡的實相，而第一個階段就是要去好好瞭解何謂「光」。

我們的身體，本身就是超越科學儀器的完美感知器，相信大家有時在閉上眼睛後，在黑暗裡，你仍會覺得自己的眼睛是開的，彷彿看得到眼皮外的世界，因為我們對光的感知度是非常高的。眉心輪對應的松果體本身就是人體的感光器官，我們體內的色胺酸在光的環境下，會在體內變化成血清素，讓我們有精神以及愉悅的心情，如果在光暗的環境則會變化成褪黑激素，幫助我們進行睡眠與休息。所以除了肉體層面對外的光感知敏銳，我們內在也對光的敏銳度是非常高的，也就是說，光波的頻率範圍無遠弗屆。

科學上研究，只要有「能量轉換」發生，光就會出現，而能量的轉換除了在原子與分子的轉換中發生。在不可見的頻率中發生，也在我們的一思一念間發生。因為我們的一思一念裡也都在牽動著體內的電子產生變化，這也是為什麼我們身體會有肉眼看得見的光場與氣色，另外也有在儀器下才看得到的顏色。現在有許多脈輪及能量體的測量儀器，就是用這樣的原理去打造，才得以看見脈輪在較接近物理層級時的顏色「紅、橙、黃、綠、藍、靛、紫」的變化。

目前所有的可見光都還只是光波範圍裡很狹小的一個區間，即使是紫外線、紅外線、X 光、或是能量體及脈輪測試儀器才能測到的光都還只是一小部分的不可見光。藉由練習眉心輪，我們其實能夠感知到更多光的變化，也藉由光的變化可以看見不同層次的世界，而這些世界會帶我們進入超越時間與空間限制的體驗。

許多古文明的眾神都在眉心上有第三隻眼睛，這也是為什麼眉心輪有第三眼的別稱，它的作用就是看見真相，象徵心靈的眼睛，超越維度限制的覺知力，而真相能為我們帶來真正的

力量，並從中領悟真理的全貌從而解脫。藉由這方面的練習，讓我們有能力看見萬事萬物運作的法則，也就是看見光所產生出來的種種現象。

全像投影是大家漸漸清楚的概念，透過兩道光經過不同方式的放射與傳播會產生出 3D 立體的全像，但是去伸手觸摸時，卻又碰不著，非常類似我們的世界，只是我們的世界再加上了動態變化的特質。當我們不斷從能量向上溯源時，會慢慢進入到光的世界，這也是為什麼在深度冥想或禪定練習時，有時會彷彿在內在看見光相的變化以及幾何圖騰的原因。所有目前我們覺知到的世界，不能以物質去看待，而是要以光去看待。

當有了這樣的概念後，就可以逐漸明白眉心輪所對應的靈視力、想像力、直覺、夢境是如何發生的了，因為我們透過這個能量中心，讓我們有能力去深刻地進行覺知（看見以及讀取）多維度裡的光之變化與成相。當我們越進入全然的「定」裡，多種眉心輪發展的覺知力就會更為顯化，像是透視力、看見能量體或脈輪、看見氣場光暈、遙視力、預視力、直覺、夢能力等等，這一些能力都需要在內與外之光的傳播下才得以出現。

事實上，光無所不在，而我們世界的顯化又是來自光的變化，就代表著光裡面帶著大量的能量資訊，我們也就能透過光顯化給我們看到的顏色、畫面、圖騰、文字、夢境……等象徵性符碼去了解背後的意義，這就是我們常說的「心眼看世界」，我們可以看到許多象徵的弦外之音。塔羅占卜、命理解盤，都是類似的概念，只是這是已經被整理下來的實體系統與媒介，若只是背著定義去詮釋所看到的盤面組合，是不夠準確的，必須靜下心來去覺知當中的組合與關係，以及瞭解為何以這樣的形式、圖案、顏色呈現，才能夠更幫助我們看見弦外之音。而當眉心輪發展到一個程度加上內心夠清明時，就可以跳過實體媒介，直接讀取出現在內心之相的象徵符碼進行解讀，這就是所謂的靈通。而這樣的現象其實一點也不神秘，這是我們回歸越純粹的本質時，會發生的自然現象。

在第一章裡提到了我在高中時的塔羅故事，當時我不斷地使用著眉心輪的力量，無意間強化了種種靈視力的現象讓我變得不知所措。由此可知，這樣的能力顯化不一定是為自己帶來好的經歷，重點都還是在有沒有參悟到其中意義，以及這股能

力要帶我們往哪去。不然有許多人很容易在這無時空間的狀態裡迷失，產生很多幻覺，或是像我一樣曾經如此逃避面對這樣的狀態。

在踏入 SSR 的學習後，讓我對這個能力更為明白，知道自己的狀態，學習如何掌握這中間的細膩之處，以及該如何運用這樣的能力在生活裡。SSR 本身的能量就極度精微，超越了我們的脈輪以及能量體層次，非常難以言喻祂們的品質，我逐漸透過習慣在 SSR 的流動裡，讓我有能力開始明白每種變化的細節，體會這難以言喻的能力，再加上後續脈輪上的一些學習及體悟，才有辦法試著表達腦海中這些抽象的感受。我也觀察到許多眉心輪失衡的人，都特別只看自己想看的，或是看事情不夠全觀，也比較容易會有刻板印象，比較沒有創意、想像力，特別會想執著在親眼所見的狀態中，阻礙了眉心輪的能量流動，有時反而會讓自己錯過許多看見真相的機會。

頂輪（Sahasrara）

是我們的第七脈輪，顏色為紫色到白色，對應到我們的頭頂、腦下垂體、大腦皮層、中樞神經系統，元素可以用「思」去理解它。對我來說，頂輪的動詞就是「悟」，它連結了我們的知識、理解、意識、心智、靈性、智慧、超越、解脫，在這個脈輪上，我們最根本要做的就是去參悟一切，去經驗神性及源頭。

從海底輪一路來到了頂輪，我們看見了物質層面與情緒層面的需求、安全感、歸屬感、慾望、意志力，慢慢到心靈層面的需求、愛、溝通、靈性探索，以及最後的參悟萬有。在這過程裡，我們經驗到人類的生命有著根本探索意義的驅動力，我們經常在想許多事情背後的原因，這就是一個向上尋求答案與解脫的能流，接著再想著我該怎麼做比較好，又慢慢的將領悟到的想法落實，進入到向下顯化的能流，而我們無時無刻都在這個循環中變化著。

所以要認識頂輪更需要以一個的整體性來看待它，因為它在牽動著其他脈輪上扮演著一個更重要的角色，就如同腦下垂體統籌著全身的賀爾蒙系統一般。另外，我們也必須透過頂輪向上擴展至更廣大無垠的領域裡，從中經驗到二元的不存在、超越了框架與對錯、我們是一個整體，因此明白了何謂「合一」與「解脫」。

從眉心輪所覺知到的光，讓我們有能力去看穿萬事萬物的表象，藉由頂輪的能力我們得以知曉光背後的神聖意識為何，也就是「悟」到那高層次的智慧。頂輪真正的能力要發揮出來，最重要的就是靜下心來。

每一天我們都認為要動動腦袋，才能想出解決生活煩惱的方法，我們無時無刻都產生難以計數的念想。特別是年紀越長，進入更多繁瑣生活的階段時，更容易陷入這種煩惱裡，總覺得光解決這些生活瑣事，就夠一個頭兩個大了。確實，我們的確放入過多的想法在腦袋裡，所以就算給我們好幾個腦袋都不夠用，因為永遠都有更多下一件要煩惱的事，解決的根本方法，就是靜下來，讓我們自然而然的放掉不需要的想法。

「靜心」、「冥想」、「禪定」在身心靈的修行裡成為如此重要的根本，就是在幫助我們放下控制，讓不需要的人事物淨空，重新釋放心的空間，讓我們能更專注在需要被專注的點上。透過「中觀」允許念想自然的運生與消散，不去執著在任何一個點上，漸漸地反讓我們能清晰的看見一些真相，這跟設計圈常說的「Less is more 少即是多」的概念一樣，在廣大無垠的白雪曠野上存在著一棵樹，那棵樹就特別地鮮明，而我們也能經驗到更大的整體，更浩瀚的領域。

　　當我們要進入內在世界時，初期可以藉由專注在一個點上的方法，這是一個有所依的方法，可能是我們的呼吸、持咒、或是任何能夠幫助你定下來在當下的方法。就像只看著那棵樹一般，慢慢地我們會進入到無所依的狀態而維持在其中，漸漸地忘記了那棵樹，忘記了自己正在呼吸，忘記了正在專注的點，逐漸成為全然的存在（being），如同一切皆如所是地在當下，如此而已，開始經驗超越意識的頻率與世界，並從中有所領悟進而感受到真正地「自由」以及喜悅。

　　我自己的經驗裡，經常發現生活忙碌時容易造成頂輪高速

運轉，並困在某個思維框架中無法跳脫，而會活在一個事事物物都要有科學、邏輯、合理的信念中，像個機器人一樣。其實這會造成與自身生命的解離，在我逃避我的敏銳感知體質時，我總是用這個模式當作我的擋箭牌，我發達的頂輪能力，被我運用在錯誤的方向上，或許為我的學業與職涯帶來很好的助力，但也讓我離真正的自己越來越遠。如果發生這樣的情況，會無形中讓自己進入一種隱隱的憂鬱、迷惘、徬徨、心無所向的感受，讓頂輪越來越失衡。我真的就是活生生的例子。

因為在 SSR 裡的學習，我開始讓自己從非常繁忙的工作生活裡靜下來，我才有辦法開始經驗什麼叫做「平靜」，才有辦法萌生智慧去領悟我抓住了多少不需要抓住的東西，讓我有能力觸及到自身的靈魂，當我不斷向上擴展時，允許一切可能性發生時，我才有辦法經驗到神性與源頭的頻率，從而了解自己的靈魂與這偉大的一切的關係。

我在 SSR 最後一次的點化裡，就是經驗了這美好的一切，那是一種無法言喻的感受，彷彿回到家的感覺，一種變回內在純粹的神性之光的狀態。而這神性之光即是一切的感受，也從

那一刻開始，當我回到這裡時，所有的一切看得更加清晰，讓我將這樣的感受與領悟逐漸顯化在我的生活裡，為我帶來蛻變的生活。

其實我們在生活中，有時也會感受到這種自由感與幸福感，像是很投入地看了一部奇幻電影、聽了一首美妙的音樂、有了一趟夢幻的旅行，我們都可以從當中感受到彷彿置身在另一個世界裡，體驗到了美妙的自由感。我們藉由這樣的方式離開了生活的煩惱，但有時回到現實後，反而都會帶來一種失落感。因為那都是暫時的，當我們沒辦法去領悟為什麼我一定要透過這樣的方式去獲得這樣的感受？這樣的行為背後是在逃離什麼？以及這個感受之於我而言，為什麼這麼重要？我們很容易在這個方法上產生依戀的心態。許多的吸毒犯就是被這樣依戀的狀態控制著，透過毒品在獲得這樣的感受並沈迷於其中，逃避他生活裡一些需要面對的事情。

在身心靈圈裡面，我們也經常用「飄」來形容這個情況，意思就是不想回到現實裡，真正要能夠持續維持這樣的狀態的方法，就是學習在生活裡時時刻刻去透過所有脈輪的覺知與統

合，讓自己必須真真切切地去體驗到那永恆純粹的解脫，意識到我們在本質上一直都是自由的。無論在哪個維度裡。只要能夠專注在當下即是自由，我們永遠都是那純粹的神性之源，沒有斷離過，並將之落實在現處的維度。這樣即使乍看之下我們正在所認知的地球裡生活著，我們都能更真正顯化這股自由解脫的振動，和諧地與所有維度中的萬有一起振動。

4、能量體療癒（Energy Body）

在 SSR 的學習裡，我們藉由雙手與掃描感知的練習，會觸及到我們不同的能量身體。從我們的肉體向外延伸，會形成類似蛋形的能量場域，能量體依序是以太體、情緒體、心智體、星光體、以太模型、天人體、因果體，而每一個更往外的體次都包含著前一個體次，並且依序地對應著由海底輪往上到頂輪的順序，我們能量體的變化與我們的意識流動息息相關。

用很簡單的方式說，我們人體之所以會被顯化，正是因為我們的存在本身就與宇宙的能量在進行交流，前面的章節已經有將概念大概說明了一下。我們的脈輪接收與釋放著來自宇宙的能量，由上而下的能流以及由下而上能流產生循環時，能量

的擴展就會形成一層一層的能量身體，最後出現我們的肉體。現在有越來越多的儀器在觀察著肉體以外的不可見磁場，每往外測量一點，就可以發現我們的身體其實有再向外擴張一點。

相信有很多人都曾經有過類似的感覺，當一個人突然靠近在你身邊的時候，你會感覺到不舒服，即使那個人並沒有做什麼事冒犯到你，但你就有不想待在他的旁邊的感受。又或是有個人光出現在你旁邊，你就覺得心情和諧了起來，即使他沒有跟你有任何的交流，但待在同一個空間裡時，會覺得舒服輕鬆。這就是我們的身體比我們想像中的還要寬廣，我們的感知力比我們的五感還要敏銳，而我們的肉體只是能量身體的顯化。

許多人在真正肉體生病前，其實在能量身體上都已經出現了一些不健康的跡象，最後才顯化在我們的肉體層上，而我們在肉體層所進行的行動也會回饋到我們的能量身體上，若肉體層因為意外突然受傷，若沒處理好，我們的能量身體也會開始產生傷痕與印記，如果我們照顧好我們的能量身體，我們肉體層面的問題，也會恢復得更快。

在前面脈輪的內容裡，有提到一思一念都會影響著我們能

量的變化。我們的念頭會為我們帶來行動，我們的行動又會為我們帶來新的念頭，在這一來一往中，逐漸演變成我們的信念系統。而在這個過程裡，也會在我們的能量身體裡留下跡象，又再次影響到我們能量的結構與顯化的結果。

這不只限於此生的一思一念，而是靈魂累世下來的念想積累，一出生就已經帶了先前未獲得療癒釋懷的信念系統，再加上今生際遇所交織出來的狀態。我在這塊的學習上獲得了很棒的禮物，我透過 SSR 幫個案療癒或自我療癒時，我開始能夠去細微地感受到能量身體的狀態，不同的能量身體裡，出現著不同的症狀，像是扭曲、阻塞、淤積、斷裂、糾結、破洞、稀薄、或是黏液等等。並從該體次的層級以及對應的脈輪，能夠去對應生活裡的起心動念，回溯靈魂曾經有過的際遇，以及此生階段可能經歷的事件與情緒。

我們的能量身體是比我們的腦袋還要誠實的，一思一念中都會產生光，光影響了能量的結構與顯化，因此，若能量身體裡出現了這些情況，那一定是信念系統在不正確的錨點上成型。透過讓脈輪與能量身體充滿了神聖的頻率，他們就會開始自動

產生校準，進而也影響了我們的信念系統，影響了我們的行動，改變我們的生活。這個過程並不是透過催眠的方式直接去探索無意識、潛意識與信念，而是我們本身的能量狀態就已經是一個紀錄板，上面記載了所有的資訊，透過覺知這些不同層級的能量身體狀態，加上 SSR 的能量療癒、再加上療癒師的引導，這些對自己有幫助的變化會漸漸地發生。

　　舉一個例子來說。若從小不自覺會一直非常自我為中心的人，當這樣的自我意識越強的時候，越覺得人定勝天的時候，越驕傲的時候，凡事都以自己為優先考量，這通常都是靈魂在過去已經有相關的念想，並積累到這一世，形成業力能量束，出現在因果體裡。而這一世又持續強化了那樣的念想，在因果體就會更不斷地與神性及源頭做切斷，破壞了能量體的平衡，創造了更多的業力。

　　接著在天人體就會越無法體會到與萬有共生的喜悅，帶著強烈的我執表達自己，塑造了更為偏差的以太模型，然後只執著愛著想愛的人，拒絕其他人與自己真心交流，讓星光體的光芒與愛無法流動與綻放。接著心智體出現了許多的混亂，開始

不斷出現內外在衝突，邏輯框架不斷受到不同事件的挑戰，永遠以不全觀的思維在善與惡中選擇，逼著自己戴上堅強的面具，受苦於與偉大整體分離的痛苦。情緒體也變得不穩定，情緒複雜且心情上上下下，失去了靈魂的歸屬感，上癮於能帶給自己一時愉悅或是短暫力量的人事物關係上以獲得慰藉。

最後以太體開始出現一些能量的扭曲與淤塞，最後顯化在肉體層的病變上。通常心輪是最受苦的，心輪對應著星光體，心輪與星光體都負責靈性能量與物質能量的轉化，在上與下之間扮演著樞紐的位置，而且也影響著全身的血液循環，胸部區域就開始容易產生病變，如果是跟自我、自尊有關，腹部的腸胃也會容易潰瘍。

有許多人其實自小某些性格與感受都是與生俱來的，我們無法純粹以 DNA 或是所處的原生家庭背景去論斷這些人，隨著時間長大，他們開始經常面對這樣的性格與感受所帶來的一些社會反饋，並在過程中動態建造了此生的生活。

若有些人在過程中遇到一些阻礙、受困、迷惘，就開始會求神問卜，或是透過各種東西方命理方法，像是紫微、占星、

八字等等去了解自己的命運，並以此作歸因，認為自己天生就是如此，但這個天生又是從哪裡來的呢？如果知道了自己的星盤組合帶來此生的性格、命運，就可以全然地接受此生只能如此嗎？我從小對塔羅與占星的興趣，讓我一直在探索這個問題，當時我得到了一個結論，當我越自覺，越調整我的起心動念，未來是可變化的。

或許在這樣的星體能量下誕生，象徵著我們的振動頻率是以這樣的盤相能量在運轉，但也同樣代表著我們擁有這樣的能量配備，如果我們可以訓練自己的自由意志變得更為成熟與智慧，那麼我們也能運用此生獨有的能量活出完全不同的未來。而我們也能藉由不斷地自我修行，不斷回歸到內在最純粹的本源，藉由出生時具有的這些能量往此生之前回溯，我們的靈魂就得以逐漸覺醒，或許我們就能明白此生所帶來的能量是如何以過去種種因緣促成。

眉心輪的能量會不斷擴展，持續跨時空與跨維度地看見更多關於自己的真相，直到看見自己與整體的關係網絡，我們得以藉由了悟自己的真相，一層一層釋放掉裹著我們的宿世因果

業力能量束。最後又帶著我們回到當下做出新的選擇，從當下開始練習擺脫業力習氣，學習解脫。

在 SSR 後期學習的歷程，我有了這樣的體悟，明白了我在高中時期所經歷的現象。當時的我看見得越來越多，但是沒有穩定的靈性修行基礎，讓我最後承受不了那樣的能量，無法在當時的階段去突破，反而讓我產生身心上的不適。

這樣的歷程不一定是指我們在學習中一定能看到自己的前世，因為要能看到前世得要有一定程度的宿世修行才可能有所顯化。我只能說在這樣的學習過程裡，我們能夠對能量的感知更為敏銳，在看待世界的時候，許多的因果關係會變得非常地清晰，有能力不斷抽絲剝繭，去蕪存菁，也可以看到自己的能量如何與人事物及宇宙交換、共振。

前面寫到我在晨間刷牙的瞬間，突然人生的跑馬燈跑了起來，看見了此生與家人的關係、求學、工作、靈性學習等與此生的我存在的關係，我瞬間看清楚了整體網絡，而這一些歷程在此生大局中扮演多麼至關重要的角色，並在那一刻昇華蛻變了自己。這一個故事就是一個例子，不管星盤、八字怎麼講我

會有個什麼樣的家庭、父母、命運，那都是二元下的一個故事結構。

但真正的意義是來自我們自己與整個結構的關係，而我們仍有能力由自己轉化與創造這個故事的發展，所幸我們的靈魂都知曉這一切，也知道這就是我們靈魂此生在這的藍圖，去完成需要穿越的靈魂課題。

對我來說 SSR 的每日自我療癒，就是在療癒及保養自己的能量體與脈輪，盡量讓自己每天都持續純化，讓整體平衡和諧，有能力面對更多接下來可能會有的變化與挑戰。現在其實有許多的順勢療法像是花精、精油、音樂、頌缽、色彩光療，其實都是試著以自然振頻的方式去療癒我們的能量體及脈輪。因為這些方法的振動頻率都相對比肉體層面高，能帶給我們一些舒緩以及清理，帶給我們適度的放鬆。除了一些急症需要西醫體系的對治外，若我們平時就可以在能量體上做保健，幫助我們維持健康是最好的。但最棒的方式還是懂得善用自己的身體，我們的肉身就是最好的療癒媒介與靈魂載體，我們越在這塊下功夫，修行自己的起心動念，調整行動，蛻變也會來得越快。

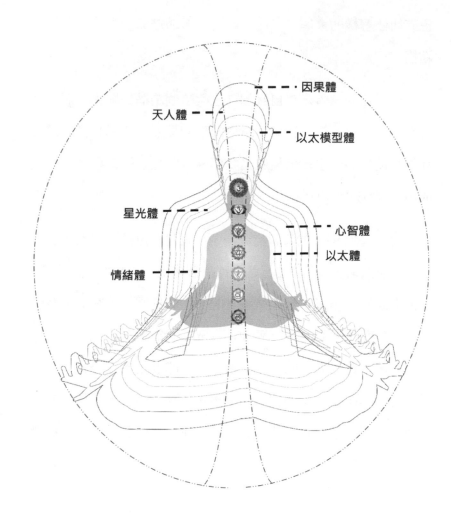

圖 2 人體能量示意體

（實際上在情緒體、星光體、天人體是無邊線的色彩光暈能量變化，為方便理解，以清楚邊線示意）

5、神聖存有們的協助

在 SSR 的學習，很有趣的地方是，我們有機會知道自己與哪些神聖存有們的緣分。這個緣分不是說能夠看到祂們，或是祂們會具象化在我們面前，或是守護在你身邊，不是一種能用三維空間的觀點去理解的，而是要用多維度的全像觀點去理解。

我們每個人的振動本身就是全像整體的一小塊，我們即是全體全像的碎形，因此我們本身就帶著神聖的頻率。當我們在蛻變與純化的過程中，體內的神聖頻率本身與某一神聖存有相靠近時，在那共振的瞬間時刻，我們得以獲得相應的指引。我很幸運在課堂開始之前，就已經得知我與天使們的強力連結。

記得在課堂初期，我在上課時進行 SSR 療癒練習時，老師曾經一直提醒我不要使用天使的能量。一開始我不太明白是什麼意思，因為我對於什麼是「天使能量」都還摸不著頭緒，人生第一堂能量類型的學習課程就是 SSR。也是到學習後期時，我才逐漸能夠分別出 SSR 與天使間不同能量的品質，區分出不同神聖存有間的頻率，讓我對於能量的細節度逐漸掌握，我個

人是除了在課堂上的練習外，還有多年來在做個案與教學過程裡，不斷地累積這方面的經驗才慢慢能夠理解與判斷。

有一次我參加朋友邀請的天使活動，那一堂課的老師帶領著大天使 Uriel 的能量，在過程中，我們會依據一些指引將某些反饋傳遞給某一位同學。當順序輪到要將訊息反饋給老師時，我很清楚地看見了大天使 Uriel 將一個非常美麗的水晶與顏色顯化給我看，並且有一段訊息要傳送給這一位老師。我描述著這個水晶的形狀，並將色彩及需傳遞的訊息傳遞給他時，他非常地震驚。因為我所描述的那個水晶剛好是他平常自我練習時的內在靈性水晶的形狀，而他即將在下個月教學色彩能量藝術相關的課程。

依據班級成員的組成不同，會臨在協助的神聖存有也會有些差異。在我的經驗裡，最常感受到臨在的存有，我自己除了許多天使與大天使外，也經常感覺到某些同學與古埃及神的連結，或是他們信仰的宗教的能量連結。但因為缺乏對於這些神祇的認識，所以有時候儘管有覺知到祂們的能量顯化，我可能也無法那麼清晰地表達。雖然我們上著古埃及的療癒能量課，

但我們並沒有在眾神這一塊有太多的探討，但是當祂們有緣分突然出現時，老師也覺知到這一現象時，我們會去觀察這一象徵背後所要傳達的一些訊息，因為通常都會與案主本身的能量體、脈輪、現階段課題都有所關聯。

在某一次個案裡，我曾經在療癒過程時，突然感受到耶穌的能量臨在與協助，耶穌透過讓我看見了非常美的耶穌光，知道祂的來到，並帶來要給個案的訊息，協助了當時個案能量層面的疏理與流動。在結束時，與個案交流中才發現，原來她是基督徒，祂們經常會與自己有緣的眾生產生共振。這讓我想到，當我們誠心持誦某尊佛菩薩的法號時，我們真的是有可能產生相應，這種情況經常發生在我的個案與教學過程裡，非常特別。

另外一次是 Isis 女神，祂是我曾有過明確感知的協助能量。在還是學生時，有一次在課堂上的練習裡，我們正在進行一個能量冥想，當時並不知道老師會如何帶領我們，我們就是順著他的指引完成需要的步驟。一瞬間，我突然在眉心輪的內在神聖空間裡面看見了 Isis 女神，結果過沒幾秒，老師引導著我們將在內在神聖空間看見她，並在其中練習 SSR 的能量。

那一次的經驗對我來說滿鮮明的，這趟學習歷程，有時候可說是奇幻又不奇幻的，當我們越明白能量世界實際的運作原理時，其實就可以知曉為什麼會有與神聖存有相應的情況。而我們每一個人或多或少都會與特定幾位比較有共振，比如說我個人與大天使 Haniel、釋迦牟尼佛、觀世音菩薩的緣分就是目前比較鮮明的，而且他們對我在這覺醒與自我療癒的路程上，都不斷給予我需要的幫助，以及我需要的功課。其實我們的指導靈團隊、高我、守護天使，一直以來都在這趟人生之路給予指引與幫助，透過 SSR 的學習，我們得以靜下心來與祂們連結，傾聽來自祂們的聲音。

6、畢業個案帶來的力量

這一門課，畢業門檻是搜集 30 位畢業個案，在課堂初期時聽到，我覺得天啊！好不可能！而且我什麼都不會也不懂，然後就沒放在心上了，因為我還看不到這堂課與自己的關係，沒有特別用心在這個學習裡。直到第一次幫陌生人療癒的體驗會過後，我開始有很多的收穫跟心得，我決定有始有終地完成需要的條件，完成我的畢業個案。

雖然當時的我並不知道未來我會不會想要當一位療癒師，因為我在課程的中後段時，決定出來創業了，開了一間品牌行銷顧問的公司。也因為剛開始創業，每天都很繁忙，有很多事情都變成要親力親為處理，時間資源變得非常有限，所以我並沒有想著往身心靈領域深耕與發展。但是既然要有始有終，那我就要想辦法完成畢業個案，同時也在課程中陸續有著更多的收穫，讓我自發性地開始想要精進自己在這一塊的能力。

　　在搜集 30 位畢業個案的時候，我很幸運當時周圍的許多朋友都很樂意當我的個案，我很快地就在一個多月的時間內做完了所有個案，甚至超過，只要我有空檔，我都很樂於接個案，我覺得在過程中非常地享受。雖然是在幫人做療癒，但每一次做完自己的內心也充滿著幸福開心的感覺，而在那一個月內高頻率的療癒施作，也讓我的能力快速地提升，可能也是因為這個原因，才促成了我在海底輪分享的原生家庭課題被療癒轉化的經驗。

　　因為我們在幫個案療癒時，其實療癒師也是純然的在 SSR 的神聖流動裡，療癒師也會在療癒過程中被洗滌。這就是為什

麼即使做了一整天的個案，結束後精神都還是很好的感覺，過程中我們也都讓自己不斷被光充滿著、充電著。

在搜集個案的過程裡，我發現了好多朋友們的靈魂卡點，讀到了他們的靈魂故事，透過 SSR 療癒協助他們釋放、鬆脫、成長，讓我感覺到這或許就是我應該要持續做的事。高中時那股助人為樂的感受重新湧現，而這次我知道可以不一樣了，能夠給予的幫助更接近根本。讓我儘管工作在忙，我都願意安插時間協助需要的人，因為我曾經跟他們一樣，在無以知曉的苦中生活著，我希望我有能力幫助他們也看見自己不同的可能性，並從創傷陰影中解脫。

在我的個案經驗裡，最印象深刻的是幫我姐姐療癒，這大概是我所有畢業個案當中難度前三名的了，也是我第一次這麼深刻感覺到家族業力的威力。她是第一次體驗這種能量療癒，平時也完全沒有接觸身心靈領域，對我在做的事也都不太清楚。當我雙手扶著我姐的肩膀開始唱誦靈魂咒語進行連結時，感受到我姐、我的家族、祖先們，他們跟我的關係的能量湧上來，在那一刻我知道我必須比以往在做個案時，讓自己的心念更為

純粹、管道更為乾淨。我藉由 SSR，也另外邀請了天使們下來進行合作，讓一切神聖流動可以很自然地發生。

過程中我一直不斷感受到強烈的鼻酸與情緒能量，但是我姊姊過程中一直低著頭非常地安靜，安靜到像睡著了，我盡量摒除雜念專注在療癒的當下，讓 SSR 與天使們完成需要完成的。當施作結束後，要去輕輕叫醒我姐時，發現她沒有睡著，但卻一直在哭，一直落淚，哭得讓人非常心疼。我明白了為什麼療癒過程裡我會有強烈鼻酸的情緒共感，我問她還好嗎？她很恍惚。我問她什麼時候開始情緒比較激動，她說從一開始我搭在肩膀上，聽到我呼請大天使們的名字時開始，她就開始瘋狂落淚。她完全不曉得為什麼會哭，就這樣哭了快 40 分鐘，再跟她交流反饋時，她覺得過程裡她幾乎是斷片的，只能隱隱約約記得一些身體的反應。這就是 SSR 療癒很特別的地方，過程裡沒有什麼談話，只有能量的施作與流動，卻經常依個案的差異帶來很不同的療癒歷程。

在反饋時，我完全無法以「李俊賢」的身份在她面前回應，我後來幾乎都是閉著眼睛在天使的指引下，說出需要說出的話，

幫助我姐姐明白她需要知道的事情。我跟姐姐從小到大感情最好，若要說誰承擔了家裡最大的壓力、責任與業力，非她莫屬了，她所付出的實在是太多太多了，為了家裡她做了太多的犧牲，許多的決定都是為了家裡的好轉，非常有勇氣地承擔了過多的責任。我總是非常心疼著她，也很想幫助她，但當時的我總是不夠有力量，資源也不夠。即使後來家裡的情況陸續好轉，她從小累積的創傷跟陰影，也已經讓她的脈輪跟能量體都充滿了狀況，她很像斷片般與內在真正的自己失去聯繫，也不敢去夢想、去勇敢。她在小時候，可是家裡最勇敢的人，很多挑戰她都不怕，她也不走簡單的路，敢去對抗父母的不合理管教。但後來漸漸地將自己一直往內縮，連去遊樂園玩一些比較刺激的，她都會擔憂跟害怕，這是很典型的能量狀態不在該有的流動上所造成的現象。

每一個個案都有著很深刻的人生故事、靈魂故事，在他們的能量上，我看到了許多讓人省思的事情，也知道了我在做的事非常重要，幫助他們能夠恢復自己的流動，幫助他們能夠重新連結真正的自己。其實療癒的過程就是在憶起自己真實身份

的過程，而我很慶幸，我有這樣的能力療癒他人，每做一個個案，我內在的真實力量就被喚醒的更多，心境上變得更為堅定強大，讓我更有信心在這條路上前進與服務。

在搜集個案的過程裡，我很能同理他們的情況，發現有很多人跟我小時候一樣是敏感體質，也有些人完全不知道自己是敏感體質，或是也有些人正在經歷我迷惘的時期，快要失去了自己，我盡力地協助他們去恢復與前進。但是看見某些個案在被療癒過後，都會有好轉一陣子，隔沒多久又再次落回原本的課題裡打轉，我覺得根本的方法或許就是應該要幫助他們踏上這樣的學習，這樣他們才有辦法真正幫助到自己。

加上許多個案也開始好奇地問我何時會教學，想來跟我學習 SSR，我想著或許這就是我應該要好好去做的事。我知道他們很需要能懂他們的人去協助成長與穿越課題，就像我小時候與高中時，我也很希望當時有人能在我旁邊給予我協助與指導。我懂那種內心的孤單與無助，若能透過我的經驗以及 SSR 的教導帶領他們走過這段旅程，讓他們從基礎上有能力協助自己，我覺得我應該要出來幫助他們。

　　就這樣的起心動念，我默默地開始教學到現在，這段歷程真的是有一股神聖的流動，不斷推著我以飛速的頻率在前進，彷彿在把逃避十幾年該做的事一次濃縮到現在去開展。就這樣在第一年，我用著工作以外的時間，瞬間開了好幾班，我並沒有對外宣傳，但是就這樣順著緣分接，學生的口碑一個傳一個持續到現在。

♀ Divine Message for Soul ♀

留意吸引你的訊息，

可能是一句話、一首歌、一個影像、一段文字、一串數字，

那是重新連結至靈魂深處的奇異點，

喚醒我們強大、備受祝福、豐盛美麗的本質。

　　　　　　　　　　　　　　— SSR & Archangel Haniel

覺醒冥想

- 挑一個安靜的地方坐下

- 聽一首幫助沈靜的冥想音樂

- 兩腳著實踏地，微微收進下巴，伸直脊椎，雙手自然垂放雙

腿上，雙掌向上

◉ 閉上眼，給予自己三次的深呼吸

◉ 請在腦海中觀想全身充滿著七彩耀眼的光芒，在你的心輪，閃耀著強大又璀璨的七彩能量漩渦，請維持自己的呼吸，讓自己停留在這個能量品質裡，直到你覺得可以帶著這股能量慢慢睜開眼睛

◉ 雙掌面對面放至心輪前方，在內在視覺觀想七彩能量漩渦於手掌間，藉著念誦這段文字，讓覺醒之力由內在顯化：

　○ 我是來自源頭的光之彩虹戰士

　○ 我已具足能帶領我覺醒的力量

　○ 藉由本自俱足的自癒能量，我，得以覺醒

　○ 藉由本自俱足的自癒能量，我，得以覺醒

　○ 藉由本自俱足的自癒能量，我，得以覺醒

　○ 感謝我所有的生命歷程，帶領我，來至這覺醒的一刻

◉ 閉上眼睛，再給予自己三次的深呼吸，靜靜地感受這股內在強大無比的覺醒之力，當準備好時，歡迎自己帶著滿滿的力量，回到此時此刻

第 3 章

SSR 古埃及靈氣

SSR 古埃及靈氣

　　如同前面分享的，我自己的體驗是，這個課程的學習過程中，沒有什麼講義，甚至沒有講義，幾乎都是完全依照老師的帶領與口述在上課，即使有講義，過程裡也幾乎都沒用上。SSR 是完全非常體驗式的學習，上課的內容不太會有太多知識面的學習，有許多關於 SSR 的知識，都是後期快畢業的時候才自己慢慢從國外的資料逐漸找到的。

　　當然，每個老師的帶課方式不同，有些老師或許會用講義的方式在教學，我曾經有看過某位朋友，她先前去上別的老師的古埃及靈氣課，她就有厚厚的好幾本講義，我看得非常地吃

驚，因為跟我的學習歷程很不同。但每個人都有自己的緣分，或許那樣的方式最適合她，而我遇到的這樣的方式剛好特別適合我（以更宇宙宏觀的角度來看）。

我在體驗會或是在課程中對學生介紹 SSR 的時候，我都是如此的形容祂：

SSR 療癒就是將來自「大愛之源 All Love」的能量透過 Sekhem-Seichim-Reiki 注入在肉體、情緒體、精神體、靈性體，以及不同層次的脈輪中，為其帶來大量的能量淨化、消融與整合世界帶給我們今世或累世的負面震盪與業力，幫助我們多維度的能量體得以逐漸恢復純淨度。透過七個面向的點化、中央光柱的練習，或是更深入的精微體的靈氣施作學習，都能夠讓我們的能量體、能量中心都提升強健度、穩定度，與更高次元的自己達到校準，往源頭頻率更為邁進。而學習的過程中，有機會穿越由靈魂累世下來所經歷的光明與陰影交織而成的迷霧。在每一次的探索裡，逐漸碰到關於靈魂所遇到的核心問題，藉著清晰化這隱匿又複雜的能量網，深刻去體會到真正的自由與解脫，重拾久被遺忘的自在、平靜、喜悅、知足，讓我們有

機會再次連結神性的最高智慧，在當下找到自己立足的存在核心，活出完全的自己，回歸源頭。

這一段課程介紹是我自己非常有感的，因為我就是這樣活生生地在這樣的歷程中被轉化，從未知、到體驗、到體悟、到蛻變，這段話或許看起來非常地抽象，但確實是我經歷轉化過後所看到的結語，而且也已經算是很清楚的說明了。

在接觸 SSR 前我正在一個非常腦袋型生活的狀態。我在一個港商的數位行銷公司上班，每天要看的都是數字，以及理性地分析非常多品牌行銷策略，進行數據分析與邏輯推演，來達到最好的績效。平時還要大量地與客戶對談，必須言之有物，以及有所根據，回想起來滿常像個電腦或是機器人的，我記得我的同事也曾經這樣形容過我。

所以如果當時給我很多 SSR 知識面的內容，我一定會開始一直做研究跟找資料，就像在唸研究所一樣，把 SSR 當成個學問在學習，進入一個不適合我的 SSR 體驗與學習方法，更可能讓我錯過後證這些不可思議的靈性體驗的機會，真慶幸我那時

候像張白紙，單純地在 SSR 的流動裡沈浸式學習。所以在這本書中，我也不會給予太多 SSR 知識面的內容，因為那不是我的學習歷程，也想讓大家未來有可以完整體驗 SSR 學習的機會。

SSR 古埃及靈氣是一個很特別的療癒體系，不同的老師都有很不同的帶領方式，因為 SSR 就是能將每個人獨一無二的靈魂品質顯化出來，而又以各自不同的特色進行開展。祂是一個非常活生生不斷進化的能量，在祂的流動裡，所有不屬於你靈魂品質的能量會開始剝落，進而清理阻塞還有緊縮的區塊，逐漸還原你該有的振動。而且你如果能遇見祂們，都是很特別的機緣，可能都在祂們的神聖安排中，會透過你將一些需要被看見的資訊顯化出來。

目前在網路上經常看到的資訊，大致上就是在介紹 Sekhem、Seichim、Reiki 的一些定義，以及誰適合學習，能在哪些面向支持著我們前進。但這些真的是不好言喻，但要寫得更清楚給不認識的人看，那又已經是最簡白的內容了，畢竟都是在溝通很深層的靈魂議題。

　　我這邊盡可能地簡單分享我知道的資訊，但事實上，如果你要真的明白 SSR，你必須完整地經歷祂的所有學習，你才有辦法試著分享一些「什麼叫做 SSR 古埃及靈氣」。又或者是說，就如同我出這本書一樣，這一趟 SSR 之旅，所有的開始到我現在生活中正在開展的一切，以及這書裡面所有我要分享給你們的生命故事，都依舊還在古埃及靈氣的學習中。當你看完了，才是認識古埃及靈氣的開始，這是一個動態前進與變化的過程，越教學、越做個案，越發現自己都還持續地在學習 SSR。記得我說的，所有的能量學習都是需要透過體驗才能體會，單靠知識面的認識，是不夠的，我們必須讓自己回到像嬰兒、小寶寶一般，以所有的感官進行探索與學習。

SSR 古埃及靈氣緣起的故事

　　要討論到 SSR 的背景，有一個最重要的人物需要被提及到，也就是現在專門在帶領 Sekhem All Love 的老師，Patrick Scott Ziegler。他是一位美國人，也是一位建築師，特別專精在

埃及金字塔這一領域的探索。

根據 Diane 在其 All Love 的著作裡提到，Patrick 從小就對金字塔特別地著迷，總受到這金字塔區域的感召，甚至小時候有個夢想是希望在裡面過夜。在他 1979 年到埃及旅行的時候，他發現了吉薩大金字塔有一區存在著一個入口，是以前的盜賊所開鑿的，當時剛好沒人看管。他爬了進去，在裡面進行了冥想，也體驗了躺在法老與皇后的陵棺裡的感覺，這過程中他感受到了不可思議的平靜，很想在裡面度過更長的時間。於是他儘快地離開了金字塔，趕回飯店收拾過夜需要的行李，隔天一大早的時候又再次偷偷溜進去，並躲在裡面直到旅客離開，也躲過巡邏的人員，終於實現了他的夢想，在金字塔裡過夜。

不只是 Patrick，我相信也有許多人想體驗這樣的一晚，世界上最偉大的探險家 Sir Ranulph Fiennes 雷諾夫・范恩斯爵士與他的英國男演員堂弟 Joseph Fiennes 約瑟夫・范恩斯，在 2018-2019 年的時候也有機緣可以在吉薩大金字塔裡過夜，並拍成了一部國家地理頻道的紀錄影片「大探險家遠征埃及」。Joseph 表示在大金字塔內部有著不可思議的感覺，在進入後，他感受

到了一股壓迫感與能量感，要離開時甚至有一部分的自己很想要回到金字塔裡面，他感覺到有股能量讓他想要再回到裡面。

那一晚 Patrick 躺在法老的陵墓石棺中進行冥想，想好好去感受那個當下，但就在他想專心的時候，他突然被很多的蚊子干擾，於是他將揹包中的廁紙，一捲一捲的那種，將自己捲了起來保護自己。他後來回想起來覺得很幽默，因為看起來就像木乃伊一樣。就在那一晚，他突然聽見了一些「碰、碰」的腳步聲，他以為是巡邏的人員又再次來查看，但是當這些腳步聲越來越靠近的時候，卻發現完全沒有任何的手電筒或光出現。很快地，他就發現那個聲音並不是人的聲音，他開始感到一陣由內而外散發出來的寒慄遍滿他的全身，開始感到害怕。雖然他先前也有過很危險的人生際遇，但與這個相比，完全不在同一個檔次。

他鼓起很大的勇氣起身查看，結果看見了一個藍色電子漩渦的光懸停在那，他彷彿瞬間知道了為什麼他一定要來到這裡。他克服了他的恐懼，想著「去做必須該做的事」，接著一瞬間那藍色電子漩渦的光進入到他的心，然後進入一片寂靜，他一

度以為自己是否還活著,接著他的心開始感受到非常廣闊,且不斷擴張的感覺。這樣他整個晚上就在一個非常平靜的狀態下冥想,與在他心裡面的那藍色電子漩渦的光共振著,而那道光以一個無限或是數字 8 的形狀不斷地在他心裡螺旋循環著,這就是他在金字塔裡接受一股自發性能量點化的經驗。

他離開埃及後,他一直在探索這股能量的本質,他當時只知道這股能量是與療癒及靈性力量有關的。在緣分的帶領下,他很快接著去了蘇丹接觸了蘇菲派,他發現在那群體裡有著一種連結著心的練習方法。那邊的指導者帶領著他唱誦「Allah」,但是當這個導引經過他的表現呈現出來時,他很自然而然地變成唱誦著「All Love」,並且不斷地重複再重複的唱誦著,逐漸變成了他的頌歌。他藉著這個方法持續練習著他從金字塔接到的能量時,他感覺到他的心被開展得越來越多,而且感覺到這股自發性點化下來的能量逐漸透過療癒的途徑開始顯化。

之後,他回到了葉門,在那邊工作並繼續練習與教學他從蘇菲與大金字塔經驗中所獲得的體驗。隨著這樣的練習越多,那股大金字塔的能量就越顯化,每當他覺得身體不舒服的時候,

他很自然地將雙手放置在他身體不舒服的地方，而且被碰觸的地方會開始振動與搖晃，然後不適感就慢慢消失。就這樣他開始更專注在這樣的練習與能量的學習，並又再前往尼泊爾進修兩年，直到 1983 年才回到美國。

回到美國後，他知道他必須更專精在療癒這一領域，他開始去涉略與學習，並接觸到了日本的臼井靈氣。他發現臼井靈氣的療癒途徑跟他當時自發性的徒手療癒很類似，便開始專精在這一塊上，最後也成為了一位臼井靈氣的老師。但是他對於大金字塔裡的經驗以及自發性點化的能量，仍感覺到許多未解之謎，直到他在加州遇到了一位老師，跟他說他正在使用的這股能量叫做 Seichim，他才有了個方向，繼續往下探索。

這一個 Seichim 的拼字其實是推測出來的，因為當那位老師接收到這股能量的名字時，她所聽的發音並不是英語，是類似「say-chem」的發音，隨著埃及語的發音規則，這一組單字的音節更強調在「S 以及 kh 或 ch」的音節，而 Patrick 最後決定使用了 Seichim 這個拼音，並使用了這個名字作為他學習系統的名字，開始教學與傳承，在 1996 年左右才改成 SKHM，

直到後期才又更名成 Sekhem All Love。

Sekhem 這個名字的出現，是來自於 Patrick 的學生 Diane Ruth Shewmaker 在 Patrick 的課堂上經歷了另一個自發性點化時所發現到的能量。Diane 是一位專精在全人能量療癒的療癒師以及導師，同時她也是一位心理治療師。

在 1995 年的時候，Diane 接觸到了 Reiki 以及 Seichim 兩個課程，並接受了這兩個課程的點化與受訓，在 1996 年時成為了這兩股能量課程的老師。當時她還不是 Patrick 的學生，而是從其他的傳承者接受訓練。在她帶領這些課程時，發現她的學生經常詢問關於這些能量的問題，而她已經盡可能就她所知道的回答，但她知道在她的答案背後，還有更多潛在面向需要被探索與挖掘。

於是她搜集了這些問題，並在 1997 年參與 Patrick 工作坊時期望獲得解答，但在工作坊開始後，Diane 很快地發現到，工作坊的進行除了帶到一點點的課程歷史資訊外，幾乎很少其他的資訊了，剩下的都是非常體驗式的學習。課程中 Patrick 帶領

他們透過冥想，以及教導學生如何將能量流引至他們的心、心智與身體的方法，並練習讓 Seichim 能量負責剩下所有的一切，也發現 Patrick 已經不再使用類似臼井靈氣或是符號的帶領，而是回歸到他在大金字塔裡的體驗以及 All Love 的唱頌、無限之舞等等的方法去帶領著場域能量的振動。而每個學生會在過程裡經驗屬於自己獨一無二的體驗，有些人在過程裡會非常喜悅、有些人則是非常悲傷、有些人會大哭、有些人會大笑、有些人會大叫、有些人會縮在角落、有些人則靜靜的躺著。Diane 在這次工作坊的過程中，更加經驗到了 Seichim、Reiki 這兩股能量，除此之外，那次的經驗她還感覺到了更多，而那更多更多的能量就叫做 Sekhem。她發現她原本搜集來要問的問題，都有了更新的領悟以及詮釋，而在那股流動中她知道了這股能量的名字，以及接引到了這股能量的唯一符號，基督之心，這股能量在帶領的是「合一」，啟蒙我們進入一個完整的「一」的狀態。

　　Diane 發現這次工作坊雖然沒有獲得語言文字上的解答，但是卻以能量流的方式帶領著她去領悟答案，她整理並探索著她的收穫，幾個月後她與 Patrick 討論了這次的經驗，確認了這

是一次自發性的點化,並鼓勵她持續地探索 Sekhem-Seichim-Reiki 這三股能量的矩陣運作,因此 SSR 的療癒系統就誕生了。

由於這股神秘的金字塔能量,是在未預期的情況下開展,因此這三十幾年來,Patirck 到現在都還在試著透過埃及古老文獻去詮釋這股能量。而在傳授的過程中,這股能量也持續地進化著,開始發展出不同的體系,從原本 Seichim 的名字慢慢也變出其他的名稱,像是 Sekhem、Seichem、SKHM 等等。但因為帶領者的不同以及發展脈絡的變化,即使名字相同,彼此之間又非常不同,原因是因為這股能量的本質是會持續演化及擴展的。且被祂感召、感動的人,這股能量又會依據該人的特質顯化祂自己,以一種新的獨特面向出現,就連 Patrick 在後期也從 SKHM 的系統名稱進化成 Sekhem All Love 這個名字,所以千萬不要因為名字相似而預設立場地以為學到的會是一樣的。

由此可知,SSR 從一開始就不同於一般靈氣療癒系統的發展,從 Patrick 在金字塔裡的經驗、Diane 課堂上的經驗,他們所想要強調的就是他們那難以言喻的靈性體悟,強調靈魂層面與那更偉大的「一」連結時所有的感受,以及自己如何在那過程中覺醒與蛻變,並很自然地想將這樣的神聖振動分享出去。

Sekhem-Seichim-Reiki
SSR 古埃及靈氣

從前面的背景可以理解到，由於 Patrick 在吉薩大金字塔接引到這股能量，藉由 Diane 的存在顯化出 SSR 的體系，讓這股能量帶著古埃及的神秘色彩，這就是為什麼SSR在台灣會有「古埃及靈氣」的別稱了。

根據 Diane 的分享，她發現 SSR 的接收者會開始經驗全新的開始以及重生的感受，隨著意識的擴展，對神聖的意義與目的有更偉大的覺知，並瞭解到自己與整體的關係。而在學習的過程裡，會感受到深度地放鬆、壓力的釋放、成癮模式的清理、情緒的安定等等的狀態，以及覺知到更偉大的自我延伸與意識

擴展。透過這段歷程，去找到屬於自己的靈魂目的，強化自己與自身的指導靈團隊、天使、揚升大師、大愛源頭的連結，而在這段歷程中，SSR 帶來的影響會不斷積累，透過療癒的進程帶領我們一步一步前往個人蛻變的里程碑。

當我第一次看到 Diane 紀錄的這段 SSR 歷程中可能會有的狀態資料時，我非常地訝異。因為我完全也是這樣過來的，療癒了自己、認識了自己、找到了我的靈魂目的、變成全新的自己、經驗了合一，與源頭、光之存有、天使們更為連結，包含到現在出版這本書，創造了個人蛻變的里程碑。以我在對一切未知的情況下，我卻驗證了這趟靈魂轉化之旅，非常地不可思議，也對應了我在前面所感悟的那一段 SSR 介紹。

而 Diane 所整理出來的 SSR 來源與特色是什麼呢？我試著以白話的文字幫大家去認識這三股能量，希望在不破壞你們可能會有的未來體驗前提，分享一些資訊，避免去為你們創造更多的學習框架。如果你想自己更親身體驗，不想提早知道更多，你可先跳過，進到下一章閱讀，因為從未知到驗證，這整趟旅程是非常美好的。

1、Reiki

　　Reiki 的正式名稱叫做臼井靈氣，是由日本臼井甕男大師所重新發現並命名，這股能量的本質是宇宙的生命能，無所不在。我們的生命不斷在與這股能量互動著、交流著，在這股能量流動下，幫助我們的生命有良好的自我運生。

　　據說臼井大師在馬鞍山閉關 21 天苦行時，經驗到了一股強而有力的金光，也有人說被閃電般打到，迅速地在他的眉心上，強力到他以為自己要死了。但是當他醒來後，充滿了清明的能量感，內在的神聖之光一直綻放擴散，他也從眉心裡看見了現在臼井靈氣使用的符號，並開始運用這股能量幫來求助的人進行徒手療癒，靈氣之名由此而來。而來求助的人，真的都很快恢復健康，如同耶穌徒手觸療的傳聞一般，臼井大師也顯化了這股能力。

　　現在，歐美國家有許多地方已經將靈氣列為許多醫療專業人士的學習範疇，已經有許多臨床的經驗發現，搭配西醫、順勢療法、諮商等，在長期的能量療癒下，整體健康的許多狀況

都會改善，而記載最多的就是肉體層面的健康恢復。臼井大師希望身、心、靈都應該要進入和諧平衡的狀態，最後了悟安心立命。

在課堂上，我們曾經做過三股能量各自冥想連結的練習，在我還不知道這三股能量的資訊時，很有趣的是我在這三股能量的感應上，與他們各自的背景及敘述相當相應。在 Reiki 的體驗上，我感受到了莊嚴、熱、紅色、厚實、佛法、佛寺、身體充滿了被活化的能量感，我並不知道臼井甕男大師當時有在修行佛法，也不太清楚 Reiki 特別作用在什麼層面，後來在看資料時，才知道當時他重新發現 Reiki 的時候，就是接受了他的禪師給予的閉關修行建議，他才有此經驗與轉化。

臼井靈氣

五大守則人生觀

一、就在今天，我不生氣

二、就在今天，我不擔憂

三、就在今天，我心懷感謝

四、就在今天，我誠實努力工作

五、就在今天，我尊重與愛護所有生命

2、Seichim

Seichim 是宇宙多維度活生生的光。從前面的故事,可以知道 Patrick 初期是以這個名字在進行他的能量療癒工作坊,祂象徵著古老埃及的療癒智慧,祂能夠幫助我們與高我更為連結,並激活我們的光體,強化我們與光之存有、源頭、以及天使們的連結。相較於 Reiki 較為接地的能量,Seichim 比較在強調接天的能量,在祂的光照下,所有的光明與黑暗都會被清晰化。

在我課堂上的體驗裡,我感應到這股能量當時讓我看到一個畫面,祂讓我看到了所有自然能量的元素在流動,而每一個自然元素都在發光。發光的風、發光的水、發光的大地、發光的植物,每個元素都栩栩如生,是一股非常清晰又明銳的感受。沒有 Reiki 的莊嚴感,感覺也更輕盈了一些,更自由了一些。整個畫面非常地閃閃發光、舒服清新的感覺,也有人分享 Seichim 的開始運作時,會有一種被光束籠罩及神聖降臨的的感受。基本上,在這股能量上,大多數人包含我的學生,也都經常感覺到光的頻率更為清晰。

3、Sekhem

Sekhem 這股能量，在古埃及被稱為力量中的力量。祂能夠統合 Seichim 與 Reiki 這兩股能量，具有融合、消融、平衡、平靜的力量，祂環繞著我們也存在於我們之內，是這三股能量中振動頻率最高也最快的能量。祂和諧了所有一切的對立、二元，並以螺旋的型態連接天與地的所有，能夠幫助我們將所有一切的虛假剝落掉。

Diane 曾形容祂接近印度說的 Prana 或是東方的氣，我有資深修行東方道法與佛法的學生，曾經也在未知這股能量的資料時，在上課體驗說出與 Diane 一模一樣的內容。他當時也說出 Seichim 他感受到了很明顯的光束照射下來，這個未知的交叉比對，非常地相應。我自己則是在這股能量上感受到了無比的和諧，當時這股能量讓我置身在無比高的高空裡，就彷彿飛機飛到完全沒有雲霧的最高空，在那邊穩定地飛行著，非常非常地安靜，那裡充滿了和諧的光，空無一物。我漂浮在那個地方，如羽毛般輕柔，非常地寧靜，在那裡所有的一切都沒那麼重要的感受，整個身體非常地輕，沒有 Seichim 那樣的明銳感，而

和諧才是當下最重要的。

　　Patrick 後期將他的系統稱為 Sekhem All Love，並去探索了 Sekhem 這個古埃及文字的來由，SEKHEM 是中性或男性時態，在埃及語中要使單字女性化，會在字尾加上 ET。所以 SEKHMET 的字面意思是「女性力量」，而這個字也對應到了古埃及的戰爭女神及醫療女神—塞赫麥特，她是一位獅頭人身的女神。在當時的地區與文化，母獅象徵了強大的女性力量，而母獅的特質通常都是在獅群裡面扮演兇猛狩獵的角色，但也同時也擁有偉大的母性之愛，維持獅群的生存與滋養幼獅，SEKHMET 在整個埃及都受到崇拜。

　　SEKHEM 也被認為是一個地方，很像眾神和女神的家，很像一切的源頭，燒焦的灰燼也被稱為 SEKHEM，現今的埃及也還有使用灰燼當作治療方法的習俗，就像鳳凰從灰燼中升起一樣，那樣的灰燼是具有意義的。另外，SEKHEM 在埃及神話中是無形的，祂也象徵著隱形的太陽，太陽背後的太陽，而 SEKHMET 也被傳聞是一位太陽神，或是太陽神 Ra 的女兒，這是目前考古比較接近的一些資料。

這三股能量都有自己的神聖意志，祂們的真實狀態是遠超乎我們能認知的存在，我們只能試著去體會，每個人在體驗這三股能量的時候，其實感受會有些不同，會依照你當時的狀態與境界而有所差異。因為這三股能量要從高振頻能量降下來至更接近物質界的振頻，再從我們的頂輪到眉心輪一路往下，透過種種象徵、符碼、語境、情緒、體感……等等，透過這個過程，祂們才有辦法在我們的心智層面產生比較強的連結，讓我們能去意會。

⚢ Divine Message for Soul ⚢

當願意面對生命中的挑戰，

如羽毛般輕盈的靈魂，

已悄然顯化。

— SSR & Archangel Haniel

喚醒自由冥想

◉ 挑一個安靜的地方坐下

◉ 聽一首幫助輕鬆的冥想音樂

- 兩腳著實踏地，微微收進下巴，伸直脊椎，雙手自然垂放雙腿上，雙掌向上

- 閉上眼，給予自己三次的深呼吸

- 請在腦海中觀想自己擁有一雙七彩的翅膀，祂正在帶領自己於神聖的金色光芒裡舞動飛翔著，請維持自己的呼吸，讓自己在這個能量裡舞蹈，直到你感受到那不斷擴展的喜悅，帶著那股喜悅慢慢睜開眼睛

- 請將雙掌往左右伸展，雙掌面向上方，帶著喜悅地念誦這段文字，喚醒內在的「自由」原力：

  ○ 我是舞動於光中的光子

  ○ 我是顯化萬物的光子

  ○ 我是無拘束的光子

  ○ 我是純粹的光子

  ○ 光子是我

  ○ 我是光子

- 接著閉上眼睛，再給予自己三次的深呼吸，靜靜地感受自己成為純粹之光並沈浸其中，當準備好時，歡迎自己帶著光般的自由，回到此時此刻

第 4 章

SSR 現在進行式

SSR 帶來的持續變化

在 SSR 這趟靈魂之旅上，除了前面分享的內容外，我也發現在幾個點上有明顯的成長、改變與收穫。如果有人問說學習 SSR 之後對自己會有什麼幫助，這篇章節的許多內容，或許就是能以比較白話方式呈現的一些學習後結果，但這是純屬我個人的經驗與變化，還是要端看每個人自己的學習、獨特性與緣分。但我相信，當我們越能契入那神聖又純粹的流動中時，我們都能漸漸覺察到自身與世界的能量變化。

前陣子有位學生跟我分享了她回首這三年多來的學習，她發現她真的改變了，不管是心情、對萬事萬物的領悟、直覺、

執著度、藝術創作表現等等，都發現自己更為成熟與圓滿，而過去所擔憂的事物對自己的影響力變得很小，她明白了這是一趟需要回首才能發現變化的學習之旅。我非常替她開心，希望我接下來分享的持續變化能帶給讀者一些參考經驗值。

1、和諧平靜的心

過去因為對能量的敏感，讓我經常感受到很複雜的情緒，而且有時候情緒來得會很莫名。我以為是我的問題，直到對情緒能量的敏銳度提高，才發現原來有些情緒不是我的，我只是共振到了某個人現在的情緒能量，然後我自己也反映了出來。

在 SSR 學習過程中，因為經歷了那純粹的寧靜，穿越了對立與二元的屏障，讓我有能力感受到真正的和諧，那種感覺就像烙印在內心深處一般，這樣的深刻經驗讓我情緒變得平和愉悅，不容易生氣。也因為這樣，我也更容易覺察到自己突然升上情緒的點，或是分辨出他人的情緒，就如同前面舉過的例子，廣大無垠的白雪原地上，有一顆樹，那個情緒會如同那棵樹一般，如此的鮮明。而我也有能力去覺知那個情緒的起源，進而去參悟背後生成的意義，然後又再更加地成長，學會真正不被影響，而不是切斷或逃避。

2、身體健康

前面提到，臼井靈氣本身就會幫助身體逐漸變健康，這樣的改善，我自己也有明顯的一些經驗，由於身體的感知變得敏銳，會很容易開始察覺身體哪裡不太舒服，或是身體哪些地方感覺緊繃，不知不覺就會開始去調整自己的姿勢，或是懂得適度作放鬆。

若真的有不舒服的地方，透過自己雙手的觸療，也可以有明顯的舒緩，我在身體部位有疼痛、頭痛、肚痛或其他身體不適時我都會特別拉高 Reiki 的能量比例，幫忙身體進行自我療癒。當我這樣做的時候，我很明顯的感覺身體會熱起來，我的毛細孔會打開，在皮膚、背部、胸口、雙掌、腳底都會開始有一種在排毒時的滲汗跑出來，而且逐漸感受到身體血液循環加強，精神逐漸恢復，也比較輕盈的感覺。

有一次，我在德國旅遊時，不知為何，我的腰突然非常地痛，完全站不起來，我一度以為整趟德國之旅都得在朋友的沙發上度過了，好不容易把自己撐起來，都還要靠朋友攙扶，我才能夠走路。在哪幾天，我花了非常長的時間在沙發上盤坐自

我療癒，以這種嚴重度，我不曉得是否能夠盡快讓身體恢復，但是大約 4-5 天之後，我的腰部就明顯得好了許多，可以自由活動，只剩下一些緊緊不舒服的感覺。

另外有一次，我突然重感冒，瘋狂地咳嗽與流鼻水，一整包衛生紙都不夠用，連睡覺睡到一半都會因為想咳嗽而突然驚醒狂咳，很像類似流感般的嚴重症狀。以我自己過去感冒的經驗，這樣的咳嗽不舒服大約都會需要兩個禮拜、甚至一個月的時間，咳嗽才會慢慢好轉。但是我一樣讓自己靜下來盤坐自我療癒，沒想到，在自我療癒的過程中，反而就不咳嗽了，自我療癒的 40 分鐘到 1 小時間，都沒發生，但是一下坐，咳嗽就很快又出現。那一次我也是拉長每日自我療癒的時間，從 40 分鐘到 2 小時，結果只花了 3 天，我的感冒就痊癒了，完全沒有任何咳嗽與流鼻水，連感冒初癒偶爾還會喉嚨癢癢小咳的現象都沒有。

因為這些實際的經驗，讓我更確定，只要我們願意去替自己療癒，我們身體的自癒力是很有力量的，而我們身體所具有的能量與潛力是還有許多值得去探索的。

3、直覺力

我認為，直覺是當小我與高我之間的通訊屏障變薄、變弱的時候，就會發揮得更好的能力。簡單地說，當與更偉大的自己、更高維度的自己相連接時，覺知這個世界的細節就不一樣了，無時無刻能與萬有能量更為自然地共振，因此靈光一閃的訊息，也會變得特別清晰，當願意去聆聽時，會發現這些直覺能為我們指路。

我曾經有一天出門時，到社區門外才發現下豪雨，通常我會覺得有點麻煩，有點焦慮，然後回家拿傘。但當下我聆聽我的直覺，直覺跟我說不需要回去拿傘，一般人應該會認為這很不合理，但我選擇相信，所以我就直接出門了。結果一路上，我所去的地方幾乎都有遮雨的設計，我幾乎沒有淋到雨，就算剛好要過馬路，雨也在那時候變小，而我還在那天的路邊遇見了許多埃及莎草紙的一些美麗埃及圖騰畫作，我買了好幾幅畫，最後也很平安的帶回到家中，沒有淋到雨。這過程非常考驗我的臣服之心，當我越全然地臣服，自然會接受到所需要的指引，當我願意的時候，平時那些瑣碎惱人無謂的情緒也會逐漸消散，維持平穩的心情。

4、夢能量

這大概是我後來最特別顯化的一個能力了，我的夢變得不是夢，而是一個獲得其他維度資訊來源的管道。

小時候也沒有特別在這一塊有天賦，但我記得在我幼稚園的時候，我有一段時間，每天夢到我在遊樂園裡面迷路，原本家人在一起，但一個轉身，就走失了，然後最後總有辦法找到廣播台，廣播家人的名字來接我，而家人最後都有出現，除了擔心，還有點稱讚我很聰明，還知道要去找廣播台求救。這個夢我知道背後有個特殊意義，但是我還沒辦法完全解讀它在靈魂層面的含義，可能是不管我如何行動，最後總有解決辦法，也會有貴人相助來關照我，協助我返回我原本的地方。

而在學習 SSR 之後，我的夢境經常變成我心電感應、接收資訊，或是瞭解過去世的一個媒介，而且所收到的資訊不再那麼模糊，而是非常的清晰地獲得我可能正在思考的問題的答案，或是共振著可能有類似念想的人。

前陣子的夢裡面出現了我的前室友，夢裡面我跟媽媽正在

講電話，然後我室友跟我在靠近寺廟附近的地方散步。起床後我想這個夢應該是稀鬆平常的夢，也可能是過去的一些記憶，但因為最近越來越多與夢有關的奇妙事情發生，所以我想驗證一下，於是當天我就 LINE 他了一下，想確認這個能量連結，他當時人在國外，我們有將近半天的時差，LINE 他的時候應該在睡覺，直到他起床的時候他才回我，然後我就立刻打 LINE 給他，問他昨天有沒有夢到我或想到我。他說他不太記得夢的事，但他確實有想到我，想到我們之前過年的時候跟我的家人一起去三峽長壽山的寺廟的記憶與畫面，驗證了我在夢能力提升的這件事，整個就非常地相應。我聽他講完後，我才跟他說我做的夢，以及最近在夢能量上發生有趣的經驗，他覺得很不可思議而且非常有趣，但可能他也習慣了，因為他在我身邊經常看到一些很特別的事情。

另外是關於我過去世，或可能是不同維度的我正在發生的事情，我經常有時候做夢回來的時候，完全失去時間感，感覺好像從另一個世界回來。

有一次我夢到我所住的城市，城市在沙漠附近，然後有外

來軍隊攻佔了我們的城市，並且俘虜了很多人，有些人被配置做奴隸，但有一些人被處決。在夢裡，我的角色是對抗他們的軍人之一，而我也沒逃過一劫地被抓了起來。我以為我會被配置做奴隸，但隔沒多久我就被帶到了大樓的屋頂上，被抓起來的人就排成一列，然後依序往前走到屋頂邊緣，輪流跳下去。於是我很快地被丟進跳樓的隊伍裡，快要輪到我的時候，我知道已經是躲不了的了，於是我很平靜的接受了我的死亡時刻，跳了下去。在那瞬間，很快地，我的背就著了地，但我完全感覺不到痛，然後在心中浮現了一個感受，原來這就是墜樓死亡的感覺。

接著我感覺到我的背後有一股溫熱的液體散開了，我闔上了眼睛接受了死亡，然後在這裡的我就默默地睜開眼睛了，而我現實生活的背後也有一股溫熱的液體由內向外擴散的感受，我還起床再三確認我的床是不是濕了，因為那個身體的反應太為真實。在那一刻，我很鎮定地目睹了我在那個地方的死亡，並且與這裡的我達到了共振，這是我第一次身體與夢體如此的體感同步，起床的時候，心情非常地安靜又沈重，無法言喻那樣的心情。

5、感知力

前面有聊到情緒的感知力變強，這對我來說過去是一個很不舒服的特質，但現在卻覺得是很棒的禮物，前面我跟我姐姐的故事就是一個例子。

我經常在教課或做個案時，發現我跟個案或學生的情緒是同步的，幾乎每次都是同時紅了眼眶落下眼淚，我可以很明白他們當下的心情，我的同理心變得很直接，讓我有能力陪伴他們走過悲傷的時刻，並給予他們力量去前進。除了情緒感知變強外，體感感知與場域能量感知都變得清晰，這個能力我並不陌生，因為從小我對看不見的世界的感知就是敏銳的。

但學習到現在，有時候我可以在做個案或教學時，感覺到對方的身體哪邊在不舒服，在結界空間裡哪邊的能量場有狀況，或是場域內的光頻以及能量的細節需要被調整。這個在過去的課堂上跟同學們的感知有很多次的相應性，甚至可以覺知到結界的材質感或是形狀感，而自己帶著學生練習的時候，也幾乎每次都是相應的，我點出來的地方，剛好是他們在那個點上可

能有分心或是有特別加強什麼的地方，滿有趣的。

另外一個感知力變強是四元素的感知能力，在療癒過程時，我們有時候會處理四元素的能量，在四元素的相應領域裡，經常可以感受到一些訊息，就如同脈輪一般，經常都剛好對應了他們最近生活遇到的狀況。我有好幾次都在感知他們的元素能量時，可以大概猜出他們的星座或是屬性，我分享了這個經驗給我的學生，我有幾位學生後來也漸漸有了這個能力，當相應的時候，他們也覺得非常得驚喜，而且可以幫助他們更了解個案目前遇到的狀況。

超嗅覺也有發生過，但頻率沒有這麼高，小時候也沒有過經驗，目前我的經驗裡只對特定幾個味道有感知。會發現這件事，是因為有時候我聞到特別的味道，而我周圍的人沒有聞到，我才慢慢地知道這味道可能在象徵著什麼能量正在附近。有一次最明顯的是，我在一個公園的中心，只有一棵樹、一張椅子跟草原，離公園周圍的建築物很遠，至少有 200 公尺。我坐在樹下的椅子上進行 SSR 的療癒，享受著陽光，突然間我感受到我頭的左邊出現了溫熱的氣團，很集中在左邊，而右邊完全沒

有，然後我開始聞到檀香，當我結束療癒慢慢回來時，這兩股能量都還在持續著。我覺得非常地奇怪，我馬上四處張望，看看是否有人在附近燒東西，還是什麼的，但整個區域當時就只有我一個人。我開始眺望遠處，才發現 200 公尺以外的對面有一座滿大的廟宇，但我不曉得裡面供奉的是誰，後來因為還要趕回去上班，我起身離開公園，一路走到公園出入口的時候，都還有這兩股能量的明顯感受。如果是氣味飄過來的話，應該不可能跟著我走這麼遠，因為出入口與廟宇是完全反方向，這樣一來一往至少差了 400 公尺以上，但味道還是非常強烈。當我從出入口一離開那座公園後，頭左邊溫熱的氣團與檀香就瞬間消失了，那次的經驗也滿神奇的。

除了上面分享的內容外，我發現對於大自然的節氣運行感知力也會變強，對天氣的敏銳度也會提高。我曾經去上了朋友的丹道課，他分享過後，我才明白原來是這麼回事，當我們越練習與自然一起運生的時候，在經歷節氣時，身體是敏感的，可能會依據當時的節氣，產生一些身體上的變化，就像有些人因為濕度變化的關係，突然皮膚或鼻子不舒服一樣。我們傳統

的 24 節氣其實就是在告訴我們這件事，幫助我們去了解目前環境能量正在產生什麼變化，而自己的身體可能在 24 節氣時會有什麼樣的反應，建議我們可以去吃什麼或做什麼讓自己可以運用自然能量幫助自己。

而這同樣的也會反映在對於星體能量的感知度，若你是能量學習者，加上你對星體有所瞭解與鑽研，也會開始感覺到行星的能量。這個部分就有卡巴拉西洋魔法的概念了，西洋魔法與星體的變化很有關係，現在常聽到的新月祈願就是類似的概念，透過星體的變化，我們也能藉由他們的能量幫助自己。

6、靈視力

雖然小時候我就知道我能夠看到一些靈體，特別是在高中比較敏感的時候特別清晰，但後來我在封印自己眉心輪的期間，就比較沒有看見了，但還是能夠感知到靈體在哪，以及他們的一些細節等等的。現在雖然重新恢復了靈視力的能力，但現在反而比較少看見，應該說是需要特別去調頻，我才看得到。現在是肉眼能看到人外圍的能量體以及氣場的顏色，這是後來才

比較注意到的。

有一天我在買手搖飲的時候，突然很明顯地在店員身上外緣看見了顏色，而且不同的店員顏色還不一樣，即使穿著相同的制服，當下我還一時沒反應過來，因為看起來非常地自然，直到那些顏色特別跳出來的時候，我才發現原來不是反光。另外，平常其他看到的情況，大部分都是高頻的光瀰漫在結界裡，有許多同學也漸漸有看見這個現象，特別是出去教室再走回來的時候，真的會有感覺到不一樣，連房間的溫度跟感受也差很多。

再來就是有幾次讓我更吃驚，有一天早上我起床的時候，去廚房要喝水，雖然廚房有窗戶，光有從外面透進來，但是一瞬間，一個很明顯的大光點從我旁邊迅速的閃過，我立刻看了一下，周圍有什麼物品造成了這樣的閃爍的反光，但是完全沒有，就連窗外面也沒有任何可以依照當時光線反射成這樣的光體運動的條件，覺得很不可思議。

另外一次是我跟著同事在會議室開會，突然她旁邊飄出了極美的火光，精微發亮到完全沒有任何物質的閃爍度能跟它相

比。我看到的瞬間馬上露出吃驚的表情，我同事還嚇了一跳，問我怎麼了，我說有一個火光從你旁邊飄出來。她完全懵了，問我那是什麼，我說我不知道，但那個火光太美了，非常令人驚艷。

還有一次我在高鐵上出差，我一直看著窗外的天空在放鬆心情，突然間天空出現了一個不明物體，灰灰大大的。我以為是飛機，但仔細一看，它不是飛機，而且沒有在跟高鐵做相對運動，我馬上想說那是建築物嗎，因為我隱約看到建築物的質感，但發現它下面完全沒有任何支撐的東西。我整個看傻眼，我盯著它看至少有 3 分鐘，想仔細看個清楚，我還在想著這到底是什麼科技還是建築物，因為太具體感了，彷彿跟真的看到建築物一樣。還沒往比較靈性神秘的方面想，然後一眨眼，它就從定點上消失了。我才意識到，原來那可能不是這個世界的物體，然後怎麼找都看不到它了，後來我心裡猜想，如果那不是飛碟，那有可能是高頻存有的天空之城了，非常有趣。

除了肉體的能量視力感變強外，內在視覺的能力也有提升。在做個案的時候，我的內在視覺也經常會看見一些畫面，跟高

中的時候很像。後來發現那些影像都會與對方的狀態相應，像是看見身體哪邊有混濁的能量，然後可能身體哪邊受過傷等等的。

最近一次滿直接的相應就是來參加體驗會的來賓，他分享著他從事休閒產業，我一瞬間內在視覺就看到了帳篷以及他在野外的樣子，我立即回問他是做露營的嗎？他有點愣住地回說對，他正在做露營跟露營車相關的事業，這是一次滿有趣的經驗。但或許也可能是休閒產業的直覺聯想，但我很確定我內在視覺浮現了那個畫面，因為我還在內在很迅速地確認了一下那個畫面感才詢問。

另外，有時候會看見對方的前世能量。後來我明白我之所以能讀取到這樣的資訊，那是因為我已經熟悉讀取能量訊息的技能，而在我們的能量體內本身就帶著累世的業力印記，我們這一生就是過去累世業力的總和，而且許多過去世的習氣、技能，也容易在這一生的起心動念與舉手投足間顯露。這個是教學一年後才比較高頻率出現的能力，曾經在某些學生身上看見一些他們過去世的緣分，初期我還不太確定是不是，剛好有遇

到有這個能力的老師傅以及看前世今生老師，在不知情的情況下對應到一樣的答案。當時在我旁邊的朋友也有嚇一跳，幾次相應之後，我就確定我內在視覺裡的影像是對應的。

因為過去有緣分的人特別會相互共振，有一次體驗會的來賓跟我的學生在進行個案練習時，我一瞬間看到了他們兩個人過去的樣子，而且當時的感情很好，是練武之人的師兄妹。那次練習結束時，我的學生馬上跟我說，不曉得為什麼這個個案在一開始的瞬間，他馬上就連結上了，跟他過去接觸過的個案不同，他覺得非常的神奇，我才說我當下看到的畫面，或許跟這個有關。

這樣子的靈視能力我發現越想看的時候越看不到，通常都是要內在很清淨、無雜念，很在能量流的當下，才比較容易有機會看見。隨著經驗次數變多了，可以逐漸感受到那個當下看見的頻率，就很像唱歌一樣，第一次唱某一首歌，可能音準沒那麼漂亮，但是多聽幾次、多唱幾次，你就會知道有沒有唱在音準上，而且逐漸可以一次唱到點上。

　　我覺得不管是哪一種感知力，都是類似的感覺，彷彿就是在調廣播電台的頻率一樣，找到了、習慣了，就容易接上那個天線。當然這需要大量的經驗、練習、冥想或禪修、宿世因緣俱足等等才有可能發生與掌握，我個人是覺得不需要特別去追求這一塊，因為越追求越不會發生。對我來說這一切都很像是無心插柳柳成蔭，而且越放下，越會自然而然地發生，我也是發生了，才慢慢地驗證，從不相信跟懷疑，到知道原來是怎麼一回事。

7、洞察力

　　這一點跟靈視力的概念有點像，但我單獨拉出來說是因為，我發現在看一件事情的時候，我變得能夠看得更遠更廣。就如同老鷹一般，牠可以從高空上看見一個非常精準的點，也可以從那個點上擴展出去看見整遍視野，讓我們可以更知道很多事情的來龍去脈、可能影響的因素、可能產生的不同前進路線與結果。可以幫助自己去避免掉很多不需要的路途，專注在需要走的路上，而且對於發生在周圍的事或是發生在自己身上的事，會很自然而然地從內在看見那宏觀的因果關係圖。

對我來說，這是一個非常重要的能力提升，跟其他顯化的能力相比，我覺得這更為重要。因為這能幫助我們去斷除某些模式的根源，離開需要離開的循環，當這個能力不斷提升的時候，我們有能力去脫離某些業力糾纏與循環，而且能看見根本的問題與解決方法。我發現這個能力剛好很對應我原本的工作「顧問」與「數據分析」，只是在這個能力上，感覺有打開了更大的視野。

如果我們每個人都在這塊上下功夫，我們都可以瞬間在腦中展開類似心智圖的感覺，而且可以藉由這個能力去「看破」和「看穿」一些假象，可說是跟荷魯斯之眼一樣的能力，看見萬事萬物真實的樣貌與本質。

8、天使連結

在前面的章節提過了我跟天使們的緣分以及與祂們的連結很強烈，在學習 SSR 後，這方面的能力越來越顯化。或許是我已經有能力知道祂們的頻率，透過熟悉與祂們合作，越來越能夠掌握這方面的天賦，而且陸陸續續有很多人在不知情的情況

下，也反饋了我身上的天使能量品質，以及看見我跟天使們的
緣分，其中還有幾位是東方的老師所給予的反饋，讓我覺得很
有趣，沒想到會從他們身上聽到這樣的資訊。

隨著療癒與教課經驗逐漸積累，我越來越能確認天使臨在
時的頻率，以及祂們會透過哪些方式與我對話，基本上前面提
到的能力類型，都可能是祂們運用的媒介。

最近一次讓我感到很震驚的是，就在前一個月，有一天我
正在透過網路瞭解國外的一位靈媒。他是一位與天使非常有連
結的人，在看著他的影片跟一些網路資訊的時候，讓我對他的
生日跟星座產生好奇，但我當下 Google 並沒有找到。我覺得很
奇怪，照理說一個名人，應該會看到他的出生年月日，可能是
我眼拙了，搜尋了一會兒，都找不到。後來想說，找不到就算
了。沒想到當晚我做了一個很奇怪的夢，隔天起床時，感覺又
好像從另一個維度回來的感覺，連下樓梯都很沒有現實感。

前面提到通常心靈能量有產生跨維度穿越的情況時，剛回
來的時候，這個情況很容易會發生。起床後我沒有特別去多想

那個夢境，只記得剛剛最後在一個很大的火車站裡面逃難，我們的城市被攻打了，有軍隊在那邊要攻擊我們，我跟幾個逃難的人從火車站的廁所向外逃跑，然後就醒來了。醒來後沒多想，就開始想著我要吃什麼早餐，打開國外的那位靈媒頻道邊吃邊看，突然間我在他身上感知到了獅子座的能量，又再一次引起我的好奇，於是我就再 Google 一次，沒想到這次馬上就找到了，而且不只找到他的生日，還直接找到他的星盤。

當我看到他的生日時，我非常地訝異，一瞬間昨晚的夢就浮上來了。在昨晚的夢裡，從火車站廁所逃難前，我跟另一個跟我有點熟悉的女生正在對話，但又沒那麼熟，可是那個女生給我的感覺，又很像跟我很好的前同事，我就心裡想著她應該是水瓶座的吧！？沒想到那個女生讀到我的心聲，馬上回我說，「不是唷，我的生日是 2 月 23 日。」我在夢裡非常地驚喜，說著：「哇！你跟我同星座耶，原來妳是雙魚座！」後來閒聊一下之後，就馬上跳去逃難場景了。那一個片段非常短，所以剛起床的時候都有點遺忘那個橋段，直到我 Google 到這個靈媒的生日正是「2 月 23 日」的那一瞬間，彷彿一個開關就被打開了，

原來夢裡的那個生日，就是他的生日！

我馬上打開他的星盤來看，沒想到他上升星座正是獅子座。通常我在看一個人一些關於神性的宮位，我會看整宮制的九宮，他的九宮剛好是牡羊座，連結的大天使正是 Ariel，而我的那一位前同事正是叫做「Ariel」。我馬上再看一下當天的星際馬雅能量，剛好是「共振的藍夜」，藍夜對應著夜晚、夢境、夢想、直覺等等的關鍵詞，那一瞬間我明白了祂們如何跟我連上線了。

通常天使們在傳遞一些訊息給我的時候，會有一些方向跟指引，再透過一些象徵讓我有能力去詮釋，明白祂們要告訴我的資訊是什麼，有時候我會直接聽到祂們的聲音，或是透過牌卡、天使數字、突然出現的文字、內心浮現的一段話、音樂、靈視力等等去覺知到資訊，但很少遇到對於我在思考的問題點，馬上給了如此精準的答案。所以對我來說，這一次真的很特別，不僅讓我清楚地知道答案，還讓我有能力整理出這一次的傳訊路徑。

在天使們的維度裡，我們所有的一切都不是線性的，而是

看到許多能量的座標，我們所有發生過的事、記憶、音樂、數字、文字、人物、圖騰、知識等等，你已經有意義詮釋框架的部分，祂們都會組合起來，變成一組訊息能量流傳遞給你。就如同我們在撥打手機號碼給一個朋友的時候，當下那些號碼就代表你的朋友，沒有那些號碼我們會聯絡不上，而我們已經有連結的那些經驗，每一個經驗對祂們來說都是一個數字，祂們有能力打包需要的經驗並透過當下時空的能量頻率傳送給你。在這一次祂們乘著星際馬雅當日的能量流「共振的藍夜」，以及我生活中裡的這一位前同事 Ariel 的生命記憶，作為連接到這位靈媒九宮大天使 Ariel 的接點，在夢裡創造一個反差能量印記，讓我記得了 2 月 23 號這個日期，並透過我對於這位靈媒獅子座的能量感知，觸發了這個資訊的能量串連，當天我對於清楚看見這個軌跡興奮不已，覺得太不可思議了。

我跟天使們連結的趣事還有非常多，透過 SSR 能量的練習，讓我有能力開始識別不同的能量，也讓我有別於過去的狀態，讓我變得能夠更直接與祂們合作，幫助更多個案與學生。後來發現我有許多學生來到課堂上後，如果他們本身與天使們

有緣份，我也有能力協助他們在天使連結上的發展。

9、破除與放下的力量

前面提到，在學習的後期，我跟佛法的緣分開始顯化，更正確地說，應該是記起來了曾經與佛法有什麼樣的因緣。在那次特別的經驗之前，我對佛法沒有特別的感覺，從小我是對西方的文化比較好奇與喜歡，東方的部分常常讓我覺得很複雜、很多細節，因此我對東方很多的宗教與習俗都特別不感興趣。

但在與釋迦牟尼佛結緣後，法華經結緣之前，我開始每天以很高的頻率不斷重複地遇見出家人，高到不可思議，連周圍的朋友都看傻了眼。有一次我在捷運上才剛跟朋友講完我遇到這個現象，結果下一秒捷運到站，門打開，一位出家人就上車了。朋友馬上驚呼，這個共時性有點驚人。還有一次是要上公車前，我也是剛跟朋友講完，結果公車門一打開，一位出家人就坐在我正對面。最誇張的一次是，有一次要搭凌晨的飛機去京都參訪一些寺廟與賞楓，結果一到機場，一大批出家人跟著我一起要出境。那時候每天都發生這種不可思議的相遇，起初

讓我覺得很新鮮，但想不明白，後來才覺得可能是因為自從與佛法結緣後，我很容易萌生一些領悟，而這些想法剛好與佛法裡面想傳達的是一樣的。

有一個經驗是這樣，那陣子我很常跟學生、個案、還有朋友分享一個觀念，我們要「活得入世、處得出世」，學習身心靈到最後，這個是最重要的，也是我很深的體悟。不管在哪，我們都要活在這當下，把每一分每一秒過好，但是我們的心要清淨，要有出世的心境，練習不生執著、不多有妄想。結果在一次禪修課當中，剛好在聖嚴法師的語錄中看到了類似的標語，我雖然不是鑽研佛理的人，我只是分享著我自己蛻變後的領悟，但似乎與佛法都特別相應，我每天都發出那個振動，所以很自然而然地，與佛有緣的人會出現在我身邊。

也因為有許多這樣的領悟與佛法越來越相應，開始發現跟學習佛法的朋友的觀念越來越近、越來越有話聊，讓我開始很自然的會聽法師講經，讀誦佛經，並在生活中練習禪修，去實踐我所領悟的，並在實踐中學習與成長，也越在這股流動裡，發現前面提到的一些能力就越加顯化。當然不是說在蛻變後你

會與佛教更靠近，對我來說，這是每個人自己的因緣。我有學生是在學習 SSR 後，與她自己的宗教更為契入，越來越信仰天父與耶穌，越來越臣服，以及有勇氣去做該做的事，她獲得了很多的動力與勇氣。現在她已經有能力在禱告時聽見神的聲音，而且在神的指引下，她踏上了未知的旅行，去實現她的夢想。這過程中我見證了信仰的力量，神如何在她沒有資源，但給予她指引後，所需要的資源在最後一刻都奇蹟似地出現了，這都是個人因緣造化。

不管你的宗教為何，或是無神論者，其實都好，因為真正的關鍵是重新掌握真實的自己、真正的自己，若有哪一個靈性學習或宗教能幫助你再繼續成長與蛻變，相信在神聖流動中的你，自然而然會跟我一樣看見屬於自己的因緣。

而這成長的過程裡，我覺得最重要的就是擁有了破除與放下的力量，前面所有能力的顯化，似乎就是在幫助我們擁有這兩股力量。對我來說，我越來越有能力斷掉當下不必要的思緒以及延伸出來的情緒反應，而有能力馬上去做需要做的事，這跟過去像機器人般不同，過去是切斷與逃避，現在是馬上能明

白與放下，並且在覺知一切的情況下而不受影響。

我記得有一次特別有感，我因為正在申辦一些政府專案，有許多行政作業要處理。原本很順利的事情，突然發生許多臨時要緊急處理的情況，而且事情還很繁瑣複雜，剛好那時又特別忙，有很多事也很需要急著處理。但是我覺知到煩躁的情緒上來之後，我馬上靜下來往內在去看，並聽到了一個聲音「這是一個必經的過程」，我就瞬間安定了，隱隱作動的動搖感被我瞬間斷除而且心生無畏，很快地回到平靜的狀態，並從容不迫、專注又快速地完成了擠在那一天的所有緊急事件。那天結束後，我感受到由內而外的喜悅，這種靜靜的知足法喜，只有身歷其中的人才能感受到，我從事靈性教學與服務個案，就是希望能夠幫助更多人體會我正在體會的。

最後是放下的力量。每天我們的生活是會發生很多事情的，過去的我在感情、學業、事業上，都很容易執著，在我腦中總是有很清楚的原則、規則、條件，沒有照這個方式的話，我就會焦慮，或是覺得不爽，時不時容易會有抱怨的心聲。雖然從前就容易同理他人的立場，以及體會他們的心情，但在目標導

向下，還是容易嚴以律己也嚴以待人，希望目標都能被好好的完成，是一個很嚴肅的人，造成我前面所說的脈輪能量不和諧的情況。

我記得我國中老師曾經把我叫到辦公室，告訴我要學習有「幽默感」，以前的我很難理解，但在 SSR 的學習旅程裡，因為透過能量的學習，不斷帶我穿越非黑即白的框架，讓我學到在能量上，我們都是很純粹的，只有因為什麼原因而產生什麼現象。也因為如此，開始能更同理他人與同理世界的一些運作現況，每個人都只是在試著做他當下能夠做的，而我們就活在眾人的選擇所交織出來的網絡裡。

加上這一路上不斷地經歷到那種純粹的神聖性，不知不覺，我也不容易執著了，也因為更深刻的同理感，變得很自然而然就放下了。明白了何謂無常，而無常就是一切的自然運生，一切都只是自然現象，只要你認為當下的你盡力了，剩下的一切就是緣分，也都是最好的安排，這就是「隨緣」的真正含義。若你有任何的放不下，也都會是為你帶來最好的學習，是帶給你破殼、破框的養分，並由此突破成長，我很慶幸在這段旅程

上，我逐漸具足了這兩股力量，為我帶來了真正的清淨與樂活。

♀ Divine Message for Soul ♀

愛，

那無法言喻的至上療癒力，

是失落靈魂的燈塔

是帶領我們重新與源頭連結的接點，

真心地祈禱著，

愛的連結就會產生，

將憶起我們從未與源頭斷連，

這是勝利的開始，

是再次完整的開始。

－ SSR & Archangel Haniel

愛‧冥想

◉ 挑一個安靜的地方坐下

◉ 聽一首幫助放鬆的冥想音樂

◉ 兩腳著實踏地，微微收進下巴，伸直脊椎，雙手自然垂放雙

腿上，雙掌向上

◉ 閉上眼，給予自己三次的深呼吸

◉ 請在腦海中觀想一幅美麗的景色，可能是壯闊的山景、是雲海的日出、是你摯愛的人、是生意盎然的生態，藉由呼吸與那幅美不勝收的景色連結，藉由呼吸感受我們與萬物是一體的，藉由呼吸明白我們從未被遺落，藉由呼吸感受愛以光、氣體、物體、種種的形式與你接觸，直到你感受到那連結發生，帶著那股愛慢慢睜開眼睛

◉ 請將雙掌放上胸口，帶著「愛」念誦這段文字，喚醒本有與萬物連結的能力：

○ 我藉由呼吸了解宇宙交換

○ 我藉由交換了解宇宙秩序

○ 我藉由秩序了解宇宙結構

○ 我藉由結構了解密不可分

○ 我藉由密不可分了解一體

○ 我藉由一體了解「愛」

○ 愛是接點

○ 愛是路徑

○ 愛是導航

○ 愛是連結

○ 我藉由愛再次感受自己全然的「完整」

◉ 接著閉上眼睛,再給予自己三次的深呼吸,靜靜地感受自己成為愛,從愛昇華為完整,沈浸其中,當準備好時,歡迎自己帶著完整的自己,回到此時此刻

第 5 章

智癒行者的誕生

找回被看見的勇氣

 智癒行者對我來說，本身就是一個新的挑戰與里程碑了吧。因為小時候的經驗，讓我從小就習慣將這部分的自己隱藏起來，就算我後期有在做個案跟教學，我都還是很低調，默默地只接有緣分的學生或個案，沒有想要很正式地讓別人看見我在做的事。

在社群媒體上我也不常發布這方面的動態，而工作上還是將重心放在我的品牌行銷顧問公司上，但陸陸續續聽到很多學生、個案以及來詢問的陌生人的心聲，他們詢問我在靈性服務這方面的一些詳細資訊，或是哪裡可以看見我的服務與資料的

時候，我發現我沒有一個平台可以提供這些資料。而且有越來越多人來詢問我有哪些靈性課程，他們想要上課，我才覺得好像得要有些作為，讓來問的人有資料可以看，但這樣一拖，就是拖了 4 年，直到去年才好好正視這件事。

在創立智癒行者的時候，我只有一個初心，希望將這幾年下來的自我療癒、個案，以及教學的經驗，有能力透過這個平台上幫助更多人還原自己，並運用自己真正的天賦去好好生活。

在生活中，人們經常要面對內在的自己，以及外在的許多大小事，甚至一些重大的人生事件、創傷或選擇。當一個生命經歷了許多，總會有希望看到未來方向、希望，或是需要一個答案及療癒的時候，除了許多內內外外的物質、精神、能量的協助方法之外，通常人們最終才明白，原來一切的歷程，都是在等待自己的某個智慧被啟發的瞬間，從而獲得最強大的療癒力量，帶領自身放下與解脫。

希望透過在這個平台上學習，重新幫助他們感受到那股純粹明晰的能量流，能時時刻刻都帶給有緣人強大的支持，細水長流地陪伴他們體驗這趟靈魂之旅，因為我們在人生這條路上，

每個人都是學習與練習從源頭汲取智慧以獲得療癒的修行者。

我秉持著這個理念,鼓起勇氣慢慢將自己推到靈性服務的前臺上,做著我該做的事,剩下就交給老天爺的安排了,很幸運的是,這個平台在創建初期,有很多貴人的相助,也有夥伴們一起前行,逐漸完善了智癒行者的基本架構,越來越多人能透過我們的平台資訊與活動去探索自己的狀態,非常感恩這一切的祝福與安排。

靈性資源的注入與整合

在兩年多前，某天晚上在夢裡出現了一個女老師在幫一群學生上課，我是其中一個學生，我們坐在走廊上，環境是白色的一間學校，充滿了白光。這一個女老師綁著馬尾，有點年輕清秀的感覺，她突然說著：「馬雅曆不能稱作馬雅曆，正確名稱要叫作『十三月亮曆』。」

接著我的眉心輪開始出現了一個美麗的古老圖騰，然後消散，開始播放著像迪士尼或皮克斯的動畫，動畫非常地好看，而我也置身其中，如同裡面的主角，非常地美。就這樣播完一

齣，又出現下一個圖騰，然後又開始播放著動畫，當下我就靜靜的欣賞著，純粹的接收著，直到我開始好奇，動畫在播什麼的時候，我就突然醒了，無法再繼續看下去。

剛起床的瞬間，我覺得滿頭問號，因為我不知道什麼是馬雅曆，我有聽過馬雅，但我沒有概念，因為那個夢太真實了，又很清晰，我決定 Google 一下什麼是馬雅曆，沒想到它真的叫做十三月亮曆。我整個驚嚇了一下，並且引起了我的好奇，我馬上再查有沒有人在做馬雅曆的個案，因為太不熟這個系統，讓我不太知道怎麼搜尋，但就是瞎著找的。

結果當晚，一位女性朋友在 FB 限動分享著她剛學完馬雅曆，想要找練習的對象做解盤。我馬上立刻私訊報名，約了時間解盤，心裡覺得也太巧了吧，結果隔天我外出的時候，突然一個女生朋友打給我，跟我說她認識的一個馬雅女老師正要開課，問我有沒有興趣去上。我整個覺得很驚喜，我就開玩笑地跟她說，你是知道我發生什麼事才打給我叫我去上課的嗎？她說她完全不知道，我跟她說昨晚才有個女生在夢裡教我馬雅曆，我還在問號這到底是什麼，結果就看到有人想練習馬雅解盤，

然後今天妳就打給我問我要不要上課。我們兩個整個在電話中大笑，我當然就馬上報名，去瞧瞧這到底是什麼，就這樣我跟馬雅的緣分在有趣的強烈共時情況下建立起來了。

但在學完之後，還是很懵懵懂懂，因為我發現馬雅的知識系統對我來說太陌生了，沒有像過去對占星與塔羅的那種熟悉感，無法立刻上手。於是我就把它當作一個有趣的體系看待，但沒有想過會將它視為一個延伸發展的方向。

事隔兩年多過後，發生了一件很有趣的事，我發現我對於滿天星星的美麗宇宙還是充滿著一些好奇，於是發了意念希望能再多探索這其中的奧妙。後來當時剛好又看到時間法則星際馬雅的完整課程資訊，我心裡想著，這個系統我有學過初階了，但使用起來還是不夠契入的感覺，有點想放棄使用它，但我覺得我畢竟沒有完整地學完，如果要放棄感覺要先走完一趟再決定。

於是我又再去上了完整的課程，在那一次的課程裡，讓我很驚喜的是，根本就是在上宇宙科學，剛好對應了我才往宇宙發送的意念，像打開了我的腦洞一般，終於瞭解了星際馬雅是

一個什麼樣的系統。而且在學習過程中，我才知道原來十三月亮曆也就是「Dreamspell 夢語境」，跟夢的概念有連結。

另外，古埃及的金字塔一直以來對準的就是天狼星，不斷在接引天狼星的能量，而天狼星在古典占星上剛好跟我有非常緊密的關係，但在占星上比較少去探討這一塊。再來就是我的馬雅主神諭也剛好落在 KIN52 宇宙的黃人，52 在星際馬雅的曆法上是重要的大週期循環的數字，且 52 與天狼星的運行週期息息相關，然後此生的我正在教學著古埃及靈氣，這當中讓我看見了太多我未曾在別的地方看見的細節，許多的共時性不斷地發生。

那次的學習好像突然打開了我對這一系統的開關，並且開始能夠每天更清楚地感知當日的神諭能量。因為學完之後非常有感，我好奇地去查找當初我夢到有人在夢裡教我星際馬雅曆的當日神論，沒想到那天又是藍夜，是「電力的藍夜」，雖然調性不同，但是都在藍夜的能量流裡，跟我前面分享那有趣的天使連結夢境一樣，非常特別。加上其他陸陸續續發生的一些事件，以及我運用星際馬雅的能量在 SSR 療癒施作上的經驗，

讓我在既有的 SSR 療癒上有了一些個人獨特化的發展，而它也為我正在打造的靈性教育三階段有了更大的支持。

智癒行者裡，我整理出了一個靈魂智癒系統，這是一個三大階段的學習，我發現有許多學生在第一年學習完 SSR 古埃及靈氣之後，靈性層面是一個才剛被啟動的狀態，對於自我療癒來說，已經具足了很好的能力，也有能力進行他療。但是很多學生在學完之後，在進行個案服務時，還是經常自覺有許多的不足，甚至對自己能否進行一個完整的個案沒有信心。於是我順著能量與天使們的指引以及學生們的需求，做了一個完整的規劃。

第一大階段「靈魂智癒師」，以 SSR 古埃及靈氣七面向學習做根基打底，幫助學生們在這一年開始能夠與 SSR 能量流合作，並增強在能量學上的深度認識與奠定穩固的基礎。主要學習核心會落在「練習還原自己的本質，喚醒靈魂層面的內在之聲」，而且結束之後有能力進行自我療癒以及有能力接個案進行一般的他療。對於想好好幫助自己的人，或是想在這領域探索並兼著在這個領域起步的人，是很好的開始。

第二大階段「資深靈魂智癒師」，我會結合許多我其他的靈性能力，幫助學生成為一個更專業的療癒師。適合希望以此為職業的人繼續進修，讓他們能夠更專精在這個職涯上，我也會透過我自身結合 SSR 與星際馬雅能量進行療癒的經驗，教導學生如何運用其方法在 SSR 療癒施作中。此外，我自己從個案經驗裡所運用的其他相關技巧也會放在這階段的課程裡，幫助他們有更多實務上的理解與知道如何進行，以及還有哪些方法可以幫助個案療癒過程更為順利，而且能提供的個案服務層級會從「SSR 古埃及靈氣療癒」變成更完整的「靈魂智癒之旅」療癒個案服務，這也是我目前個人正在提供的服務。

第三大階段「靈魂智癒傳承師」，這是設計給想要成為傳承者的學生，有許多人或許在這趟旅程上走著走著，會跟我一樣想在這領域奉獻與教學。這一階段，我會教他們如何帶領第一大階段與第二大階段，手把手的教學我會的，以及在帶課時需要注意的細節，研討更多特殊能量狀況發生時，課程又該如何進行，將他們培養成一位有能力帶領能量課程的靈性導師。

透過這三大階段的規劃以及智癒行者平台的其他規劃，希望可以幫助更多人找到自己、還原自己，讓我們在這當中的學習，能夠往智慧運心的層級前進，再將智慧降落至日常生活中，支持自己好好過好每個時刻。

♀Divine Message for Soul♀

獨角獸般的純潔引領我們前往寧靜內在，

真實的愛將顯化我們真正的獨特力量，

星際靈魂之神聖計畫浮現，

內在小孩的療癒計畫啟動，

我們，

將不再披上非我的薄紗，

憶起真實的自己。

－ SSR & Archangel Haniel

星際馬雅銀河七方祈禱文

◉ PRAYER OF THE SEVEN GALACTIC DIRECTIONS ◉

From the East, House of Light, May wisdom dawn in us so we may see all things in clarity!

From the North, House of Night, May wisdom ripen in us so we may know all from with in!

From the West, House of Transformation, May wisdom be transformed into right action so we may do what must be done!

From the South, House of the Eternal Sun, may right action reap the harvest so we may enjoy the fruits of planetary being!

From Above, House of Heaven where star people and ancestors gather, May their blessings come to us now!

From Below, House of Earth, May the heart beat of her crystal core bless us with harmonies to end all war!

From the Center, Galactic Source, which is everywhere at once, May everything be known as the light of mutual love!

Ah yum Hunab Ku evam maya eh ma ho!

Ah yum Hunab Ku evam maya eh ma ho!

Ah yum Hunab Ku evam maya eh ma ho!

祈禱文與圖片出處：Original drawing and prayer by José Argüelles,
image and prayer courtesy of Foundation for the Law of Time,
www.lawoftime.org

第6章

感謝

感謝

感謝我的家人們，在這趟 SSR 蛻變之旅上，我終於懂了我們為何是一家人的緣分，你們在我的靈魂藍圖裡，扮演著如此充滿愛的角色，沒有你們，我無法經驗到完整的自己。也感謝這一路上一直在支持著我的好朋友們、我的另一半，以及智癒行者的初始團隊葉嘉萱（Lii）、王文廷、陳靖禾，以及後來願意支持推動智癒行者願景的 Ella、Casper、與其他學生們，感謝你們在我決定成立平台的時候，願意加入一起開創，以及義氣相挺的李彥霏（霏霏），還有城邦布克文化的特約選書人林玟妗（娃娃姐），你們的相助，讓我有能力逐漸向自己的願景

邁進。

然後我要特別感謝被我折騰、折磨的封面設計師，我遠在美國的至親好友王銘慶，在千百回的腦力激盪與瘋狂修正，挑戰著時差，密集的調整，終於我們決定大膽一試，以一種新的方式讓 SSR 被看見，完成了這有趣的封面，讓這本書的最後樣貌，如此精彩特別！

這一路走來要感謝的人太多了，從我 SSR 的啟蒙老師林明儀與已故的黃士洵老師、以前 SSR 的同班同學、我的學生們、我的個案們，還有在身心靈領域一起學習成長的朋友們，以及後期遇到的時間法則的星際馬雅之愷老師、Rafeeka 老師、祖芳老師、銀河易經的宗淳老師與其他星際家人們。因為你們的存在，在這個時代下，讓我有機會、有管道去認識自己，去跨越自己一直以來的障礙，在變化的過程裡，有人可以討論與交流，感受到在這條修行之路上不孤單，有許多人正在一起努力的前進。每每想到，真的就只有百般的感恩與幸福。

這一本書是在一個很意外的情況下才決定出版的，在遇見

娃娃姐之前，我其實已經有收到天使們傳來未來我會需要出書的指引。沒想到才隔個幾天，就馬上遇到了娃娃姐，這股能量流動顯化得很快，娃娃姐聽了我的故事後深有感觸，鼓勵著我透過我的生命故事去幫助更多人認識 SSR 古埃及靈氣，以及讓大家知道我正在做的事情。雖然我知道寫書是一件未來要進行的事情，但我沒想過會要這麼快開始，對於寫書，我是非常沒有信心的，這不是我擅長的事，我的文筆也沒有很好，加上寫書的過程對我來說非常挑戰，我不是一個能坐在電腦前一直寫文的人，所以這輩子從沒想過要出書。結果，沒想到這本書我居然在一個月內如期地寫完了。我感到不可思議，這過程中，我一樣在本業上服務、教課、辦活動、做個案，原本心裡想著是否過程中會腦力耗竭與難產，延後出版日期，不僅沒發生，我還順利地完成了這一個對我來說艱鉅的任務。感謝我自己排除萬難完成了需要完成的，感謝這一切生命的安排，感謝這一切的美好的發生，也非常感謝閱讀這本書的你們，願我們能一起早日尋回真實本性。

時承醫養集團──文創系列

SSR 古埃及靈氣，靈魂轉化的起點：智癒行者創辦人李俊賢，遇見轉化靈魂的契機，踏上返回源頭的旅程

作　　　者／李俊賢
責 任 編 輯／林孝蓁
美 術 編 輯／申朗創意

出 版 統 籌／時兆創新股份有限公司
出 版 企 劃／世界聯盟全人健康療癒推展關懷協會
出版總策劃／林玫妗
出 版 經 紀／詹鈞宇

總　編　輯／賈俊國
副 總 編 輯／蘇士尹
編　　　輯／高懿萩
行 銷 企 畫／張莉滎‧蕭羽猜‧黃欣

發　行　人／何飛鵬
法 律 顧 問／元禾法律事務所王子文律師
出　　　版／布克文化出版事業部
　　　　　　台北市中山區民生東路二段 141 號 8 樓
　　　　　　電話：(02)2500-7008　傳真：(02)2502-7676
　　　　　　Email：sbooker.service@cite.com.tw
發　　　行／英屬蓋曼群島商家庭傳媒股份有限公司城邦分公司
　　　　　　台北市中山區民生東路二段 141 號 2 樓
　　　　　　書蟲客服服務專線：(02)2500-7718；2500-7719
　　　　　　24 小時傳真專線：(02)2500-1990；2500-1991
　　　　　　劃撥帳號：19863813；戶名：書蟲股份有限公司
　　　　　　讀者服務信箱：service@readingclub.com.tw
香港發行所／城邦（香港）出版集團有限公司
　　　　　　香港灣仔駱克道 193 號東超商業中心 1 樓
　　　　　　電話：+852-2508-6231　　傳真：+852-2578-9337
　　　　　　Email：hkcite@biznetvigator.com
馬新發行所／城邦（馬新）出版集團 Cité (M) Sdn. Bhd.
　　　　　　41, Jalan Radin Anum, Bandar Baru Sri Petaling,
　　　　　　57000 Kuala Lumpur, Malaysia
　　　　　　電話：+603- 9057-8822　　傳真：+603- 9057-6622
　　　　　　Email：cite@cite.com.my
印　　　刷／韋懋實業有限公司
初　　　版／2022 年 10 月
定　　　價／380 元
Ｉ Ｓ Ｂ Ｎ／978-626-7126-83-7
Ｅ Ｉ Ｓ Ｂ Ｎ／978-626-7126-84-4（EPUB）

城邦讀書花園　布克文化
www.cite.com.tw　WWW.SBOOKER.COM.TW